U0502578

GENDER
AND

排她现象

她象现

美国经济学界的性别偏见

THE DISMAL
SCIENCE

[美]
安·玛丽·梅
（Ann Mari May）

著

任蓓蓓

译

Women in the Early Years of
the Economics Profession

中国科学技术出版社
·北京·

GENDER AND THE DISMAL SCIENCE: Women in the Early Years of the Economics Profession by Ann Mari May

Copyright © 2022 Ann Mari May

Chinese Simplified translation copyright © 2023 by China Science and Technology Press Co., Ltd.

Published by arrangement with Columbia University Press through Bardon-Chinese Media Agency 博達著作權代理有限公司

ALL RIGHTS RESERVED

北京市版权局著作权合同登记 图字：01-2023-3458

图书在版编目（CIP）数据

排她现象：美国经济学界的性别偏见 /（美）安·玛丽·梅（Ann Mari May）著；任蓓蓓译 . —北京：中国科学技术出版社，2023.9

书名原文：GENDER AND THE DISMAL SCIENCE: Women in the Early Years of the Economics Profession

ISBN 978-7-5236-0267-6

Ⅰ .①排… Ⅱ .①安… ②任… Ⅲ .①经济学家－性别差异－研究 Ⅳ .① F0-05

中国国家版本馆 CIP 数据核字（2023）第 126695 号

策划编辑	陆存月
责任编辑	刘　畅
版式设计	蚂蚁设计
封面设计	仙境设计
责任校对	吕传新
责任印制	李晓霖

出　　版	中国科学技术出版社
发　　行	中国科学技术出版社有限公司发行部
地　　址	北京市海淀区中关村南大街 16 号
邮　　编	100081
发行电话	010-62173865
传　　真	010-62173081
网　　址	http://www.cspbooks.com.cn

开　　本	880mm×1230mm　1/32
字　　数	150 千字
印　　张	7.25
版　　次	2023 年 9 月第 1 版
印　　次	2023 年 9 月第 1 次印刷
印　　刷	河北鹏润印刷有限公司
书　　号	ISBN 978-7-5236-0267-6/F·1164
定　　价	59.00 元

（凡购买本社图书，如有缺页、倒页、脱页者，本社发行部负责调换）

致爱子

迈克尔·梅

（MICHAEL MAY）

前言

这本书的灵感源自美国经济协会（AEA）的档案。早年间我在查阅有关该协会组织结构的资料时，偶然间发现了一个标有"麻烦"的文件夹。不知怎的，我觉得它会提及女性——不出所料，果然如此。

这个文件夹里包含了《美国经济评论》（The American Economic Review, AER）第一任编辑与一名男性评论员之间的通信。这位编辑同时也是一名女性作者，《美国经济评论》创刊号曾评论过她的作品。从两人的通信内容来看，涉及了很多早期该领域有关性别与职业的内容以及女性经济学家们所面临的各种挑战。

当我开始研究早期经济学领域中的女性时，我逐渐清楚地意识到，很多关于女性和经济学的历史研究都流于表面而缺乏实证。女性经济学家本已凤毛麟角，加之许多学者对女性在由男性主导的经济学领域的历史知之甚少或压根不感兴趣，这无疑限制了我们对早期经济学领域中的女性的了解以及对性别所能产生的作用的了解。通过查阅美国经济学会的档案以及一些发布在《美国经济评论》和《经济学季刊》（The Quarterly Journal of Economics, QJE）上的文章，不仅能为女性和经济学领域的认知补充实证研究，而且能将我们从数据中获取的信息与传记、历史记录有效地结合起来。

本书所有章节皆为最新数据：提供了美国经济学会中女性成员所占比例以及其背景信息；展示了自协会成立以来的63年中，被限制的女性经济学家们在工作中所发挥的作用。同时，她们在校友关系网发布信息，旨在能出版发行专著以及在像《美国经济评论》和《经济学季刊》这样的学术期刊上发表文章。这一分析揭示了经济学家之间建立关系网的各种重要因素，以及在日益关键的出版领域取得成功的决定因素。当研究在这些期刊上发表多篇文章的可能性时，我们认识到作者和编辑在博士教育中共享同一机构的重要性。那么作者和编辑共享一家机构到底有多重要呢？对于那些从当前编辑所在的机构获得博士学位的作者来说，这又有多重要呢？对心怀希望的作者们来说，这是否会是个好兆头？

在女性经济学史上，另一个被忽视的方面是体制障碍——用于区分黑人女性和白人女性。由于黑人女性在接受高等教育时面临着巨大的入学障碍，导致了单方面实证分析缺乏充分的数据，因此明确这些体制障碍以及黑人女性在高等教育方面和劳动力市场中的作用就变得格外重要。值得一提的是，黑人女性不仅缺少接受公共教育的机会，甚至缺乏进入七姐妹女子学院①的机会，而七姐妹女子学院为白人女性在经济学领域开辟一片天地起着至关重要的作用。

---

① 七姐妹女子学院，是美国东北部七所传统的精英文理学院。其成员包括拉德克利夫学院、瓦萨学院、巴纳德学院、布林莫尔学院、蒙特霍利约克学院、史密斯学院和韦尔斯利学院。——译者注

　　如果没有以下诸位的鼎力支持，尤其是如果没有得到档案来源和数据收集方面的帮助，这项研究便难以完成。首先，我要感谢哥伦比亚大学出版社的编辑克里斯蒂安·P. 温廷（Christian P. Winting）。他独到的见解、专业的建议以及不时的鼓励，使得整个研究过程意义非凡。其次，我要感谢哥伦比亚大学出版社的所有成员，感谢他们在这一过程中将专业知识倾囊相授，尤其感谢凯瑟琳·豪尔赫（Kathryn Jorge）和劳拉·普尔（Laura Poole），感谢她们不遗余力地审稿。

　　我还要感谢图书馆工作人员和档案管理员，感谢他们牺牲自己的宝贵时间，为我提供的专业指导及帮助。尤其感谢杜克大学图书馆（美国经济学会档案所在地），以及负责馆藏古籍和手稿珍本的那些工作人员。多年来，布鲁克·格思里（Brooke Guthrie）慷慨地牺牲她的宝贵时间来帮助我，对此，我感激不尽。感谢雷切尔·普罗沃斯特·雷亚（Rachel Provost Layher）和胡安·卡瓦哈利诺（Juan Carvajalino，杜克大学政治经济学史中心博士后研究员），在该研究项目的初期提供了宝贵的帮助。

　　此外，还有许多其他图书管理员和档案管理员也为我提供了宝贵的帮助。拉德克利夫学院施莱辛格图书馆的学科馆员莎拉·哈钦（Sarah Hutcheon）和波士顿大学图书馆的布伦登·麦克德莫特（Brenden McDermott）竭力为我提供有关女博士毕业生的信息。内布拉斯加大学林肯分校的西涅·布尔德罗（Signe Bourdreau）、苏平·卢（Suping Lu）与内布拉斯加大学林肯分校档案馆的乔什·卡斯特（Josh Caster）也为我获取所需资源提供了有益的建议和帮助。

此外，感谢参加我开设的《性别和社会前瞻》课程的学生们，感谢他们在资料搜集方面为我提供的帮助，是她们收集了关于女性经济学家出版图书、发表文章的数据，以及获得博士学位和早期经济学家所在机构等各种信息。感谢我的本科学生们，他们的工作虽然枯燥乏味、耗时耗力，但却异常重要。尤其要感谢值得信赖的纳奥米·阿图霍努（Naomi Atughonu）、克林顿·巴特克（Clinton Bartek）、艾莉森·布莱克（Allison Black）、泰勒·博拉姆（Taylor Bolam）、达伦·布林克霍夫（Darren Brinkerhoff）、杰伊·伯德（Jay Byrd）、加布里埃尔·福克斯（Gabriel Fox）、康纳·麦考伊（Connor McCoy）、艾米莉·墨菲（Emily Murphy）、吉赛尔·内瓦雷斯（Giselle Nevarez）、马纳夫·尼马尔拉杰（Manav Nirmalraj）、艾米莉·诺森（Emily Noesen）、詹妮弗·皮奇（Jennifer Pitsch）、莎拉·拉克斯（Sarah Rakes）、马德琳·瓦夫瑞克（Madeline Vavricek）和丽贝卡·沃尔顿（Rebecca Volten），以及研究生卡莉·埃勒（Kari Eller）、佐伊·梅斯（Zoe Mays）、乔·桑多（Joe Sandow）和安德鲁·索伦森（Andrew Sorensen）。如果不是他们帮忙填写电子表格，早期的出版业分析就无法进行。同时，我要感谢我的同事埃里克·汤普森（Eric Thompson），感谢商业研究局通过他们的学者项目为我的研究提供帮助。

我要特别感谢我的同事，他们为我讲述了很多在经济学专业化之前过往女性经济学家的奇人逸事。这些故事启发了我，激励了我继续研究的决心。我对曾经的合著伙伴罗伯特·迪曼德（Robert Dimand）顶礼膜拜，他对早期经济学家的状况了如指掌、见识非凡。他很乐意与我合作，非常感谢他对我们的合作作出的贡献以及对该领域作出的贡献。我还要感谢圣路易斯华盛顿大学的玛丽·安·祖贝克（Mary Ann Dzubeck）多年来对这一主题孜孜不倦地研究和支持。她总能随叫随到，不辞辛劳地批阅本书的大纲以及各个章节，感恩我们天长地久的友谊。

有幸得到大卫·科兰德（David Colander）的支持，是他介绍我以客座教授的身份就职于明德学院。在明德学院，我结识了许多很棒的同事和朋友。感谢明德学院在研究初期对我的支持，感谢其开展的关于"女性问题"的经济学领域专题讨论会，使得这个主题得以继续深入开展。此外还要感谢杜克大学政治经济学史中心全体成员的盛情邀请，感谢他们邀请我参加了一场有关经济领域早期女性的研讨会，这次研讨会涉及美国经济学会档案所反映的女性所面临的各种挑战。特别感谢冈扎利·别瑞克（Günseli Berik）和犹他大学邀请我介绍我对美国经济学会中女性和成员身份方面的早期研究成果，并提出有益的意见和建议。

对内布拉斯加州大学林肯分校的同事丹尼·坦纳巴姆（Danny Tannenbaum）、布伦登·蒂姆（Brenden Timpe）和玛丽·麦格维（Mary McGarvey），我要表达最诚挚的感谢。虽然本书许多章节的数据都是在几年内收集的，但在过去的一年里，撰写每一章时所用的数据都是孤立的。好在与坦纳巴姆和蒂姆的频繁会面让我们有机会一起讨论研究。尤其是坦纳巴姆，他欣然回顾了很多章节中的计量经济学分析，提供专业知识以便我能更好地解释数据模型。再次感谢新同事们的殷切关心与大力支持。

我的挚友玛丽·麦格维也是我最想感谢的人之一，她是我在经济学专业性别研究的长期合作伙伴。我们研究了红州和蓝州①女性劳动力市场结果的差异、美国和欧盟男女经济学家观点的性别差异，以及经济学期刊编辑对该学科的批判等其他主题。她是一位才华横溢、经验丰富的计量经济学家，她独到地认识到了要更好地理解女性，就要更好理解性别在职业中所起的作用。作为系里仅有的两位女性终身教授，我们彼此相互学习，受益匪浅。在此对我和麦格维的友谊，以及她在研究中所涉及的计量经济分析方面的贡献表示衷心的感谢。

最后，我要感谢我的儿子迈克尔·梅对我的鼓励和支持。没有人比迈克尔更了解女性在STEM领域②工作所面临的挑战，他从历史分析到生活经验，又从生活经验到历史分析，言简意赅、客观清晰地阐述了女性所面临的种种挑战，这给予了我完成这个项目的灵感。

----

① 红州（Red states）和蓝州（Blue states）是指美国近年来选举得票数分布的倾向，红州较支持共和党，蓝州则较支持民主党。——译者注
② STEM 是科学（Science）、技术（Technology）、工程（Engineering）、数学（Mathematics）四门学科英文首字母的缩写。——译者注

目录

1

当前的挑战与历史渊源

美国经济学会以及广大公众逐渐意识到经济学学科中出现的一个问题。据《纽约时报》（*New York Times*）报道，"经济学领域正面临一场日益严重的危机，涉及性骚扰、性别歧视以及女性欺凌。业内女性表示，业内很多女性因此要么被边缘化，要么被迫走人"。正如《经济学人》（*The Economist*）的撰稿人所言，"对经济学家来说，行业内部出现了一些问题，对此，行业反应不仅滞后，而且解决方案有失偏颇。缺乏包容性已不再是一个简单的问题，它也是该领域其他问题的成因之一"。

作为美国国内首屈一指的经济学专业协会，美国经济学会似乎得到了这样一种讯息：沉闷科学领域中的性别问题根深蒂固且不可小觑。在珍妮特·耶伦（Janet Yellen）之前，女性只能从事公共服务领域的工作，随着耶伦冲破了这一天花板，成为美联储委员会首位女性主席以及美国首位女性财政部部长，人们的注意力如今转向了高等学校。因此各种问题蜂拥而至，比如，有没有文件能证明女性在经济领域中面临的各种挑战？经济学领域内性别失衡的弊端有哪些？又是哪些体制障碍使女性无法像男性一样自由无阻地进入经济学领域？有色人种女性面临着怎样的种族障碍？经济学领域中性别问题的历史渊源究竟有多深？如若对这段历史了如指掌，我们可以得到怎样的启示？

· 经济学中的性别问题 ·

尽管女性已经在某些 STEM（科学、技术、工程和数学）领域取得了重大进展，但有证据表明，自 2000 年以来，女性在经济学领域方面进展甚微。截至 2018 年，在社会科学领域，取得心理学、人类学和社会学博士学位的女性比例超过 60%，而获得经济学博士学位的女性比例仅有 32%。

取得经济学博士学位的女性可谓凤毛麟角。据相关研究表明，女性在各级学术机构中所占的比例都不高。截至 2018 年，在设有博士学位的经济学院系中，女性助理教授的占比为 28.4%，女性副教授的占比为 25.8%，更令人吃惊的是，女性教授的占比仅有 14.3%。

进一步的证据表明，男性在特定学科或领域以及精英博士项目中的占比过高。金·A. 威登（Kim A. Weeden）、莎拉·特博（Sarah Thébaud）和达夫娜·盖尔布吉瑟（Dafna Gelbgiser）研究发现，在博士项目中，研究领域不同，性别差异明显。超过三分之一的男性或女性博士需要换专业，才能平衡所有领域男女博士的性别比例。重要的是，他们还发现，在顶尖项目中，男性占比过高。他们表示，"在经济学领域的顶尖项目中，男性占比过高的现象非常突出，是正常占

比的 1.27 倍"。经济学研究项目的地位愈是高不可攀，高等
学校中的女学者就愈稀缺。

女性在经济学领域的占比已令人大失所望，再看有色人
种女性的占比，更是严重不足，让人无法接受。阿曼达·拜
耳（Amanda Bayer）和塞西莉娅·劳斯（Cecilia Rouse）表
示，在 2014 年，美国只有 11 名少数族裔女性（非裔美国人、
西班牙裔美国人和印第安人）获得经济学博士学位。虽然约
30% 的美国人口被认定为非裔美国人或西班牙裔美国人，但
其中只有 6.3% 的非裔美国人或西班牙裔美国人跻身为经济学
终身教授。

如今，经济学领域的女性与男性相比，成为终身教授
和晋升为全职教授的可能性都不大。有证据表明，在成为终
身教授后的 7 年内，女性晋升为全职教授的可能性是男性的
一半，而生育控制和家庭状况（如无子女和单身）对这一差
异几乎没有影响。女性作者的论文平均要多花 6 个月的时间
才能发表，这至少可以解释部分困难所在。艾琳·亨格尔
（Erin Hengel）对 4 家主要经济学期刊上的 9000 篇文章进行
了分析，她认为，审稿人对女性经济学作者的要求标准之所
以更高，可能是因为同行评审过程中存在的潜意识偏见。亨
格尔称，"校正往期项目花费的时间越多，用于新项目的时间
就越少。而论文越少，升职的机会就越少，这可能会促使女
性寻找更公平的领域"。

随着发表论文的压力不断增加，合著在学术研究中也
就愈发重要。有证据表明，在经济学领域，女性往往比男性

更倾向于独立撰写文章，而且同性之间更有可能合著——男性与男性合著，女性与女性合著。由于在经济学领域中女性本就比男性更少，因此合著对女性来讲就更是难上加难。而与男性同事合著的女性发现，她们的贡献被大大低估。在研究学术界授予终身职位的决定时，海瑟·萨森斯（Heather Sarsons）发现，如果女性与男性合著一篇文章，那么男性被授予终身职位的概率会增加 8 个百分点，而女性仅增加 2 个百分点——但要是女性与女性合著，这一差距就不那么明显了。萨森斯指出，功劳归属与合著者的性别有关。

直到最近经济学家才逐渐意识到经济学领域中女性人数严重不足。然而，20 世纪初，许多例子都反映出大多数白人男性在经济学领域中所占的特权地位。虽然部分人对性别差异可能带来的挑战有所察觉，但许多人则不然。

在 1911 年出版的第一期《美国经济评论》中，时任编辑的戴维斯·R.杜威（Davis R. Dewey）称，他在一定程度上允许一位女性作家公开回复负面评论，因为他意识到自己会被质疑"以她是女性为由"而让女性保持沉默。20 世纪 20 年代，艾莲若·蓝辛·杜勒斯（Eleanor Lansing Dulles）在拉德克利夫学院攻读博士学位。当她在巴黎修改博士论文时，哥伦比亚大学的经济学家罗伯特·默里·海格（Robert Murray Haig）和詹姆斯·哈维·罗杰斯（James Harvey Rogers）前来拜访。杜勒斯在她的回忆录中写道，他们曾在谈话中表示只要她交出自己的笔记，他们可以补充她的研究笔记，"你的作品就会作为我们这个综合项目的一部分"。但杜勒斯拒绝了。

安妮·P. 卡特（Anne P. Carter）回忆起自己1945年入行时的经历。哈佛大学的系主任 H. H. 伯班克（H. H. Burbank）在欢迎她时说道："我们这里有很多成绩优异的女孩，但她们都坚持不到最后。"虽然几天后他为自己的言论道歉，但卡特还是遭受了很多不平等的对待。例如，当华西里·列昂惕夫（Wassily Leontief）招募卡特加入自己的哈佛经济研究项目时，为了让卡特更快进入该项目，卡特的随迁配偶也允许加入该项目并配以1000美元的年薪，竟比卡特的年薪还要高，面对卡特的质问，列昂惕夫说："我以为你会喜欢的。"

性别失衡、待遇不平等和缺乏平等机会等现象在历史上持续了相当长的时间，直到1971年，美国经济学会才采纳要在经济领域消除职业性别歧视的原则。当时，美国经济学会成立了一个委员会，专门收集有关美国大专院校中从事经济学相关工作的女性的人数信息，并提出"平权法案"以解决经济学领域缺少女性的问题。在基层妇女党团的推动下，一系列决议提交给了成员皆为男性的美国经济学会执行委员会。根据迈拉·H. 斯特罗伯（Myra H. Strober）的说法，会议的开场白是"决定：美国经济学会宣布经济学不是男性的领域"，后来被修改为"决定：美国经济学会宣布经济学不完全是男性的领域"。最后该决议获批，并成立了经济学界妇女地位委员会。尽管如此，性别问题仍然存在。

• 缘何如此稀缺 •

　　人们想尽各种方法来解释高等教育中，特别是研究型大学里缺乏女性身影的问题。雅各布·明塞尔（Jacob Mincer）和加里·贝克尔（Gary Becker）等人从人力资本理论角度解释道：男女劳动力市场差异，往往受供应学派因素的影响。具体来说，女性在人力资本方面的投入较少，因为她们的工作可能会因养育子女而受到影响。克劳迪娅·戈尔丁（Claudia Goldin）、劳伦斯·卡兹（Lawrence Katz）和库西姆克（Kuziemko）以此为理论切入点，研究了20世纪的女性与高等教育。他们认为，缩小男女入学比例的差距，可以有效地改变女性参与未来劳动力市场的预期值。根据这种观点，第二次世界大战后女性教师的缺乏是因为获得博士学位的女性太稀缺——这一结果在很大程度上基于女性深思熟虑的决定。

　　相比之下，机制歧视理论家认为，占主导地位的群体参与实践是为了维持其在工作场所的特权地位。根据这种观点，选择特定的生产实践是为了最大限度地提高目前参与生产过程的所谓内部人员的佣金。此外，占主导地位的群体可能会使用日益复杂的筛选机制来控制人们获得最理想工作的机会。在学术界，这种形式的歧视反映在影响招聘和晋升的学术行为标准和仪式上。

　　虽然这些解释有助于我们理解为何高等教育中普遍缺乏女性教师，但并不能阐释为何这一现象在STEM中的某些领

排她现象：
美国经济学界的性别偏见

域已有所改善，而在其他领域则改观不大。莎拉·特博和玛丽娅·查尔斯（Maria Charles）对其他STEM领域的研究表明，个体特征与广泛社会学环境的相互作用也许在很大程度上解释了为什么女性只能在某些STEM领域被接受。按照这一说法，有关STEM工作领域和STEM从业者的本质，以及"男性和女性的内在品质"的西方文化定势，是推动塑造男性和女性观点、才能、抱负和喜好的决定性因素。换句话说，特博和查尔斯认为，与人和工作相关的性别文化定势再现了职业隔离。

然而，这些文化定势容易产生地位差别。例如，劳里·拉德曼（Laurie Rudman）、科林·A.莫斯–拉库津（Corinne A. Moss-Racusin）、朱莉·E.费伦（Julie E. Phelan）和桑妮·纳茨（Sanne Nauts）表明如若某些特性（例如竞争力）被认定为更具男性特性，那么男性就享有更高的地位，而某些特性（例如友善）若被认定为更具女性特性，女性应享有的地位反而与男性是一样的。反之，男性若有其不应有的特性（例如情绪化），则无伤大雅，而女性若有其不应有的特性（例如攻击性），则会被人诟病。拉德曼及其同事称，性别一致性对男性来说意味着享有优势地位，但对女性来说却相反。

这些性别定势因学科而异，甚至会因学科教条而被强化，体现在仪式和实践中。像经济学这样在思想上极度重视竞争的学科，很有可能将竞争视为一种个人属性。换言之，在这种情况下，性别定势证实了男性主导的学术文化，这一特点在阐释理论框架的各种假设中有所体现。

在这样一种文化中，实践、规范和学术仪式会反映性别定势，还可能影响研究和整体观点的可接受度。现代语言协会（Modern Language Association）前主席琳达·哈琴（Linda Hutcheon）称，"高等教育专家"所采用的专业话语模式很明显模仿了市场的竞争模式。哈琴指出，人们所采用的话语模式是一种充满争论和冲突的话语模式——在经济学中尤为明显，因为经济学致力于使竞争更加合理化。参加过美国经济学会年会的人都会发现，个人提出的"论点"通常会受到"讨论者"的攻击，他们提出并非真正意义上的问题，而旨在展示自己的智力和地位。相反，哈琴表示，我们可以设想一种完全不同的话语模式，这种模式基于建设性的思想交流，有助于扩大讨论、建立共识以及充分阐述一个主题。

最终，男权主义文化降低了女性对于学科的归属感。经济学的独特之处与题材有关，由此产生的互动可能会加剧性别差异，从而降低女性在这门学科中被发现的可能性。

经济学中真的存在由男权主义文化导致的性别问题吗？这一说法得到了越来越多的证据支持。在珍妮特·耶伦的推动下，美国经济学会最近开展了一项针对45000多名经济学家的调查，以更好地了解经济学领域中女性和少数族裔所处的环境。最后的调查结果令人震惊。当被问及女性在经济学领域是否受到尊重时，仅有16%的女性受访者表示同意或非常同意，而大约一半的男性表示同意。当被问及经济学领域的总体氛围时，只有20%的女性表示满意，但男性表示满意的比例是女性的两倍。最糟糕的是，当被问及是否同意"我觉得自己在经济学领域受到重视"这一说法时，仅有 25% 的女性表示同意或非常同意，75% 的女性都不同意这一说法。

当然，有一些人倾向于认为，性别平等势不可挡，有天赋的人自会成功，而那些有偏见的人将淡出历史。由此来看，年长保守的男性教师终将会退休（对一些人来说时间可能要久一些），让位于思想更开明的同事。然而，爱丽丝（Alice）最近的研究告诫我们不要这么想。爱丽丝利用内容分析法和计量经济学分析了一个备受关注的经济学研究生匿名就业论坛，对其 6 年数据的分析指出，在这种环境下，"火辣性感""美丽动人""以牙还牙"常用来形容女性经济学家，而"积极上进""才华横溢""才思敏捷"则常用来形容男性经济学家。此结果让许多业内人士瞠目结舌。

爱丽丝的研究，以及在美国经济学会调查中，那些职场女性的亲身经历，让我们不得不承认经济学领域中确实存在严重的性别问题。同时，我们也应该思考如何构建更合理的公共政策。

• 缘何如此重要 •

一般来说，越来越多的证据表明，团队的多样性有利于高效解决问题。哥伦比亚大学心理学教授凯瑟琳·W. 菲利普斯（Katherine W. Phillips）和她的同事对此问题进行了研究，研究结果发人深省。他们发现，如果个体知晓其工作将接触多样化群体而非同质群体，一般来说，他们可能会做更多的准备工作。研究人员解释说，在多样化群体中，可选择的范围更大。他们还发现，群体多样性可以鼓励大多数人用批判性思维研究问题。因此，他们得出结论：多样化群体比同质群体更有可能产生硕果。

同样，主张性别平等的人士一致认为：团队中，女性需要参与到研究和政策讨论中来，其特殊的社会地位和经历，也许会为团队提供令人耳目一新的视角。问题是：这是事实吗？我们对性别平衡的关注重点应该是对机会平等的渴望，还是性别失衡对公共政策产生的有害影响？如果女性对经济政策的看法与其男同事不同，我们又该如何评估这种排外和边缘化的代价？

新的研究表明，在美国和欧洲其他国家，受过相似培训的男性经济学家和女性经济学家的观点确实存在显著差异。一项针对在美国工作的有博士学位的经济学家的广泛调查发现，尽管他们在核心理念、方法论和经济政策某些领域的观点相同，男性经济学家和女性经济学家之间的很多观点还是有着明显差异。排除不同的就业类型和学历背景后，在所研究的4个政策领域中，这些受过相似培训的男性经济学家和女性经济学家在其中的3个领域都持有不同的观点，包括市场解决方案和政府干预，政府支出、税收和再分配，性别平等和机会平等。

综观之，相较于男性经济学家，女性经济学家对市场解决方案的支持率低于政府干预。具体来说，与男性经济学家相比，女性经济学家不太可能支持使用教育券，或支持在北极国家野生动物保护区开采石油，也不太可能相信美国政府能过多干预经济活动。此外，美国的男性经济学家和女性经济学家在所谓的同情心问题上也持有不同的观点。女性经济学家会认为，收入分配应该更加平等，雇主应该为全职员工提供医疗保险。调查显示，男性经济学家则更关注最低工资上调对失业产生的不利影响。一项针对欧洲学术机构的经济学家的类似调查也得出了类似的结论。

以上研究表明，如果受过相似培训的男性经济学家和女性经济学家对经济问题持有不同的观点，有经验证据表明经济学研究如果没有女性参与，那么参与制定公共政策的辩论将有失偏颇，关乎两性的研究将无法提供全面有效的研究成果。一想到各种研究机构的一般经济学部门，人们可能会有这样一个合理的疑问：为什么当男性主导经济学领域时，我们仍未解决儿童保育问题或性别工资差距问题？越来越多的公共政策问题亟须研究和解决。然而，很少有女性能指导论文研究、担任学术期刊编辑、在制定公共政策时拥有权威发言权。在这种情况下，我们又该如何进行真正意义上的讨论呢？

为了更好地了解当前女性在沉闷的科学领域所面临的困境，我们需要了解这种失衡的历史根源。女性在经济学形成时期的作用如何得到证明？一门新学科的专业化如何限制了女性的参与？早年间女性撰写专著有多积极？学术期刊的出现对女性参与知识生产和她们的职业轨迹又有何影响？机制因素在这持久的性别失衡中发挥了怎样的作用？

• 性别与经济学专业化 •

　　历史学与社会学专家往往忽视了由性别和职业地位所产生的驱动作用，这一作用会在很大程度上影响机构、学科和专业协会的行动与优先事项安排。马加里·萨尔法蒂·拉尔森（Magali Sarfatti Larson）指出，虽然从事组织化的职业往往会被认为是出于自身的经济利益，但职业所宣扬的无私道德规范却使他们不以获利为目的。尽管如此，在关于职业兴起的讨论中，拉尔森着手研究职业是如何组织起来以获得市场势力的。她认为专业化是"特殊服务的生产者试图建立和控制其专业知识市场的过程"。在这个框架中，有关在专业工作中纳入或排除某个群体的冲突和斗争明确显现出来。

　　因此，不论过去还是现在，任何新兴职业的独特之处并不是其对财务因素不感兴趣，而是其自主权在原则不变的基础上得以彰显。在另一项里程碑式的医学专业研究中，艾略特·弗雷德森（Eliot Freidson）指出，专业化职业与其他职业的一个不同之处在于它被赋予了控制自身工作的权利。在弗雷德森看来，专业"被特意赋予自主权，包括决定谁可以合法从事该工作，以及如何从事该工作的特权"。拉尔森将这种自主权视为专业权力的来源。拉尔森表示，"专业权力以有权定义其知识内容和合法获取途径为特征，而知识的不平等分配增强了这种权力"。

　　自主权有这样几层含义：使专业人士免受批评，允许他们"生活在自己创造的意识形态中，他们向外界宣扬的意识形态是对社会现实中特定领域最有效的定义"。而且自主权使机构中的成员能够控制谁将有机会从事某一职业。因此，这种自主权使经济学家能够通过强调自由市场的优点来塑造一门学科的轮廓，同时将女性排除在学术劳动市场之外。

这种自主权的控制力首先体现在谁可以以学术经济学家的身份参与研究生培训。社会学专家表示，正式培训是团结专业人士的重要纽带。换言之，"认知标准化是一个至关重要的变量，经历过垄断培训中心的兴起后，造成了资质专业化和市场控制"。这就解释了为什么早期关于女性接受过多教育的危险性的争论，应该从政治经济学和自身利益的角度去解释，而不应从科学必要性的角度去解释。

对"认证知识"的控制可能是专业化和市场控制的必要非充分条件。如拉尔森所说，仅凭知识不足以"建立专业人士优于其竞争对手的绝对优势"。对那些拥有自己的研究生项目的机构，拥有博士学位（不只是荣誉博士学位）的教师，以及全职学术专业骨干来说，他们所需要的是"对社会地位的争取和维护"。因此任何导致其地位下降的事情，例如学术研究方面的分歧、社会地位不高的群体的参与，都要避免。

提高学术专业社会地位的一个重要因素是专业协会的出现，如 1885 年成立的美国经济学会。不同于其他不对女性开放的专业协会（如美国化学会），美国经济学会从一开始就对女性开放。但是美国经济学会在许多方面扮演着守门人的角色，其领导层限制了经济学领域女性发展的机会，这对女性产生了深远的影响。

美国经济学会积极促成行业内部各种分歧达成一致，无论是普遍存在的还是难以调节的。此外，美国经济学会还提供了一个论坛以供解决安德鲁·阿伯特（Andrew Abbott）所称的"管辖权纠纷"。早期美国经济学会的经济学家致力于塑造经济学的边界，从而试图厘清经济学和社会学之间的差异，以及为什么经济学是基于"硬科学"的，是权威的，而社会学是基于"软科学"的，是开放性的。早期年度会议的新闻报道表明，社会学家和历史学家的报告在这一过程中被边缘化了。

专业人士齐聚年会共同界定这些边界，在缺乏共识的尴尬处境中尽量达成一致。A.W. 科茨（A. W. Coats）表示，美国经济学会的年会使经济学家们有机会进行学术交流，并有望在当今重要问题上达成合理共识。作为提高专业地位的重要机制，年会有助于防止意见分歧削弱专业地位。

美国经济学会的年会还为那些除女性以外的人提供分享工作和专业机遇信息的机会。教授们经常会带着自己的得意门生参加会议，尽力确保他们能获得最理想的职业成果。在学生受益的同时，导师的地位也得到了提高。

美国经济学会进一步通过赞助学术期刊来组织专业知识生产，这是分享知识和展示机构服务性的另一个途径。据弗雷德里克·鲁道夫（Frederick Rudolph）称，发表论文已不仅是新院士们的指导兴趣所在，也成了大学校长们热衷的非正式年度汇报的基础。到 19 世纪末，只靠教学是不够的。如芝加哥大学的一位校长所说，"学校希望大家都能脚踏实地、坚持不懈地努力，为人类智慧贡献力量"。

学术机构"为专业服务"挑选人员和编审委员时，恰恰体现了一种潜在的地位提升。如果一个人没有所属的研究机构（通常指女性），或者有机构但没有研究生项目，那么意味着他（她）的地位较低，无法更好地发挥用武之地。

女性要想获得学术地位，必然面临重重障碍。尽管针对女性智力和学术研究的反对论调在世纪之交已经平息，但在 20 世纪初，有关学术身份的微妙概念还在影响着女性的职业生涯。女性一直在努力争取进入高等教育机构，但其中越来越多的人被分配到了那些被认为适合女性的学科中。女性在社会科学领域所处的位置非常模糊。用多萝西·罗斯（Dorothy Ross）的话来说就是，参与慈善和改革活动的女性是"社会科学的天然支持者"。这样说来，女性经济学家，尤其是那些涉及多个学科领域的女性经济学家，发现自己的职业生涯很是艰难，获得认可的概率微乎其微，也就不足为奇了。

虽然几所精英大学一直将女性排除在研究项目和教职之外，但是许多州立大学往往出于必要开始接受女性加入研究项目。不过知识消费者比知识生产者的角色更容易被接受。除却在女子学院任教（成为教师是许多女性进入高等教育机构的唯一途径），女性还缺乏充分参与这一新兴职业所必需的机构附属背景。

总之，专业化的推动与性别的相互作用在一定程度上削弱了女性学者的地位，导致女性很晚才进入这一重要的研究领域。早年间女性遇到的困难有助于洞悉如今女性在经济学领域所面临的挑战。当我们研究早年间女性为在经济学领域争取话语权所作的斗争，以及她们在这一过程中所面临的阻碍时，我们也许会发现当前的方法论存在争议，科研和课程方面所涉及的主题也有所变化。这项研究会像 M. C. 埃舍尔（M. C. Escher）的作品一样，让我们清晰地了解到女性从事这一职业的历史，还有女性如今在沉闷的科学领域中所处的困境。

2

高等学校性别政治经济学

1895年，史密斯学院的女学生们在毕业典礼的前一天相聚庆祝"常春藤日"，这是一个富有象征意义的仪式。学生们身着白衣，手拿玫瑰，带领游行队伍穿过校园，最后以种植常春藤作为她们与母校产生终生联系的象征。这种乐观的景象掩盖了19世纪末女性在接受高等教育时的真实经历。

5年后，史密斯学院的第一位黑人女学生奥特里亚·克伦威尔（Otelia Cromwell）毕业了。她也参加了"常春藤日"庆典，照片中的她向组织游行的学生们表示祝贺。截至1900年，在后来的"七姐妹女子学院"之中，仅有7名黑人女性毕业。这些学生分别毕业于19世纪的蒙特霍利约克学院、韦尔斯利学院、瓦萨学院和拉德克利夫学院。在这7名女性中，有3名是校方在不知道她们是黑人学生的情况下被录取的。巴纳德学院和布林莫尔学院分别在1928年和1931年才有了第一批黑人女性毕业生。

美国内战结束后，在大部分非洲裔美国人居住的南方地区，以及南方的州立大学通常实行种族隔离。这种做法，加上长期以来的教育歧视，使黑人学生无法进入许多州立学院和大学就读。在北部和边境各州，建立了黑人学院和大学。

虽然法律没有明令禁止，但还是很少有黑人学生就读以白人为主的学校。正如威廉·爱德华·伯格哈特·杜波依斯（William Edward Burghardt Du Bois）所指出的一样，1865 年至1900 年，仅有 390 名黑人从以白人为主的学院和大学毕业。值得一提的是，在 1900 年之前，许多黑人女性都是从俄亥俄州的欧柏林学院（全美第一所男女同校、招收女学生和黑人学生的高等学府）获得本科学位的。

• 男女同校、强烈抵制和地位维护 •

在美国，虽然女子学院始建于 19 世纪 30 年代，但在内战期间，男性入学人数下降，加之《莫里尔法案》（Morrill Act）① 的通过在战后促进了男女同校，再次引发了关于女性和高等教育的争议。1862 年颁布的《莫里尔法案》创建了"赠地学院"，通常设立在美国西部和中西部人口稀少的州。在《莫里尔法案》颁布之前，各州教师协会一直呼吁大学招收女性学生以促进教师培训。随着该法案的通过，提供单独的教育机构来培训女性的成本实在太高了。此外，在美国内战结束后的几十年里，直到 20 世纪，高中毕业的女性都比男性要多，这就使得大量潜在申请者之中女性要比男性多。

男女同校州立大学的兴起，使得现有大学招收女学生的压力越来越大，从而引发了女性研究生和教师的担忧。事

---

① 为了使教育适应农业经济发展的需要，美国国会于 1862 年颁布了旨在促进美国农业技术教育发展的《莫里尔法案》。——译者注

实上，公立大学开放男女同校的压力引人深思，部分原因是"赠地学院"早期的入学率令人大失所望。在已建立的私立学校中，女性往往被视为可有可无，而在"赠地学院"制度下产生的新兴学院，女性反而备受关注。因此，女性入学人数显著增加。弗雷德里克·鲁道夫称，1875年到1900年间，男女同校大学中，男性人数增加了3倍，而女性人数增加了6倍。

随着男女同校教育的兴起，女性也威胁到了学校的地位。女性入学人数的增加往往被视为令人担忧的因素。那些先前不允许女性入学的院校中的男学生和男教师经常对男女同校表示反对。成立于1817年的密歇根大学，直到1870年才招收女性入学，而且还是在违背教师意愿的情况下。尽管学校董事会早先认为招收女学生是会毁掉学校的"危险之举"，但一场由公民主导的抗议，使得马德隆·斯托克威尔（Madelon Stockwell）成为第一名被录取的女性。斯托克威尔因此经历了比同龄人更难的入学考试，还遭受了男生的排挤和欺凌。另一名女学生萨拉·蔡斯（Sara Chase）后来描述她的经历时说道，"令我们系的女生印象最深刻的是，密歇根大学是一所男性学校，而且他们经常感觉我们在抢他们的饭碗。为了及格，女孩们必须更加努力地学习，取得更好的成绩。实习机会不会留给女生，我们也难以找到实习机会"。

由于被视为大学的"入侵者"，女性要想进入男女同校的高等教育机构，往往会面临各种各样的挑战。罗莎琳德·罗森博格（Rosalind Rosenberg）将讲堂描述为"相当严格的种族隔离模式……女生坐在教室的一边，男生坐在另一边"。1863年，虽然威斯康星大学师范系（教师培养）的男女学生人数相差无几，前30名女学生也被允许选修其他课程，但学校却要求她们"在所有男学生就座之前，不得就座"。

学校男领导和老师不仅担心大量的女学生会导致他们丧失地位，还害怕学习希腊语、拉丁语和康德思想的女性会推卸世俗的家庭责任。一名范德堡大学的学生调侃道："没有男人愿意晚上回家看到自己的妻子正在试验制造人造黄油的新工艺，或者观测夜空寻找彗星。"

在女性教育与种族相关的问题上存在着很大争议。琳达·M.珀金斯（Linda M. Perkins）指出，由于被完全排挤在劳动力市场外，黑人女性往往被认为不太可能与男性竞争工作，白人女性则不然。这种认知上的差异影响了我们对黑人女性教育的看法。

同样，历史学家们所说的"家庭法典"或"女性崇拜"导致许多人认为，中产阶级及上流社会的白人女性一旦结婚就该退出有偿劳动力市场，去履行其作为妻子和母亲的职责。例如，对1822年至1872年特洛伊女子神学院（Troy Female Seminary）毕业生的研究表明，婚后还在工作的女性比例只有6%，而26%的女性间歇性工作。同时，婚姻和有偿劳动对黑人女性来说一点也不罕见，两者并不冲突。但珀金斯表示，到19世纪末，"对受过教育的黑人的性别歧视愈演愈烈"。越来越多的女性不是被排除在促进黑人教育的组织之外，就是被剥夺了领导权。即便这样，黑人女性还是普遍认为受教育和婚姻并不冲突。

• 付诸行动 •

内战后，反对女性接受大学教育最常见的焦点集中在男女先天智力和身体差异上——德国学者也发现了这点。针对1869 年约翰·穆勒（John Mill）所著的《妇女的屈从地位》（*The Subjection of Women*），海伦·兰格（Helene Lange）认为，虽然"从事高等教育职业"的白人男性对女权运动及其对女性接受高等教育的支持无动于衷，但随着穆勒这本书的出版，实干家们会有所行动。可以预料的是，女性会抗议自身的处境，当面临不平等时，女性肯定会作出必要的回应。

穆勒的著作发表一年后，德国医学教授西奥多·冯·比肖夫（Theodor von Bischoff）出于人们对生理差异的认知，表示了他对女性受教育者的（女性研究）反对。比肖夫称，科学证实女性和男性在骨骼、肌肉、神经，尤其是头骨方面存在差异。认为科学可以公正地解决"女性问题"之类的争议，比肖夫对颅骨测量和大脑测量产生了兴趣。在他看来，由于智力不如男性，女性不该接受平等的教育。大部分科学测量大脑体积的工作都是在尸检过程中进行的。但在 1898 年，反对使用颅骨测量法推断人类智力水平的女学生爱丽丝·李（Alice Lee）自告奋勇地参加了都柏林圣三一学院完全由男性组成的解剖学协会会议，并对成员的头部进行了测量。之后，李说，"将他们的头骨从大到小排列，瞧瞧，一些领域内声名显赫的学者们竟然拥有相当不起眼的小头骨"。目前尚不清楚这种精确测量的尝试是否削弱了年轻男性对颅骨测量法的信心。但是比肖夫要是知道自己死后的尸检报告表明，他的大脑比一般女性的大脑要轻得多，他可能就不会对颅骨测量法感兴趣了。无独有偶，男性主导的医疗机构成员也以同样的理由限制女性获得接受教育的机会。值得一提的是，越来越多的人认为，医学研究所需的严格教育或通识教育，会以损害女性的生殖器官为高昂代价。

在比肖夫的著作《女性医学研究与实践》（*Das Studium und die Ausübung der Medizin durch Frauen*）出版一年后，哈佛大学医学教授爱德华·H. 克拉克（Edward H. Clarke）在其畅销书《教育中的性别：女孩的公平机会》（*Sex In Education: A Fair Chance for the Girls*）（1873）中对这一论点进行了阐述。比肖夫认为，女性不如男性聪明是由于其大脑体积较小。而将研究重心放在女性和医学教育上的克拉克强调通识教育对女性的生殖能力会造成有害影响。提及过度教育可能造成的危害，克拉克举了几个年轻女性因高等教育压力而遭受永久性伤害的例子。其中最令人恐惧的是一位年轻女性的遭遇，她在进入一所西方学院后去世了，克拉克表示，"不是因为她掌握了阿里斯托芬的《黄蜂》（*The Wasps*）和拉普拉斯《天体力学》（*the Mécanique Céleste*），而是因为在从事这些研究和工作时，她一直忽视了自己的女性身份"。虽然女性有能力在高等教育中进行必要的脑力劳动，但克拉克认为这种教育违背了"自然法则"。

根据克拉克的说法，青春期女性，由于自然赋予了其特殊性，因此女性无法在生殖系统承担过度压力的情况下保持情绪稳定。他认为，年轻女性要想接受像年轻男性那样的教育，需要持之以恒的努力，而这"与女性的生理周期不协调"。相较于年轻男性能通过一个循序渐进的成熟过程发展为成年男性，女性的发展时间相对较短。克拉克称，"当学校无视女性的自然周期的要求，用男生对力量的需求程度对标即将进入青春期的女孩，而男生又不用像女生一样努力时，肯定会有不妥的地方"。克拉克的理论反映了"生命力"的概念，即"人体是一个有限的能量库，大脑和女性生殖系统会互相争夺资源，如果女性进入大学学习，就注定会遭受伤病困扰"。根据能量守恒定律，身体某个部位过度劳累会损害其他部位的健康。英国生物学家查尔斯·达尔文的支持者赫伯特·斯宾塞（Herbert Spencer）将"能量集中"的概念（他更喜欢称之为"力量的持久性"）应用于人体，反对女性接受更多教育。虽然斯宾塞在 1851 年出版的《社会静力学》（*Social Statics*）中声称"平等不分性别"，但在 19 世纪 70 年代，他对女性和平等的看法发生了重大变化。在 1873 年出版的《通俗科学月刊》（*Popular Science Monthly*）和《社会学研究》（*The Study of Sociology*）上刊登的《性别心理学》中，斯宾塞认为，男性和女性的心理各不相同。他援引了人体生命力理论以及达尔文的观点，解释了女性在智力和情感上都不如男性的原因。在斯宾塞看来，女性的身体发育导致其心理难以获得持久性的快速发展，从而使她们落后于"人类进化的最新产物——抽象推理能力，以及最抽象的情感，正义感"。

利用达尔文进化论的"科学性"，斯宾塞提出了自己的观点，即女性在发展和进化方面不如男性，并主张男权主义的科学概念是超然的理性探索。斯宾塞运用政治经济学的概念来界定女性自卑的问题，并发展了所谓的性别政治经济学。秉承"秩序性和稀缺性"的先入为主的观念，他认为女性体质常常遭受"周期性"削弱，女性应谨慎分配自己"稀缺"的能量，她们需要一种特殊的能量，并为其"纳税"——这是女性为维护未来社会必须付出的"代价"。结合科学中的隐喻以及对性别政治经济学的构想，斯宾塞谈到了由市场体系引起的焦虑，即市场体系有时似乎会失控。

比起医学科学（一些实证研究确实与主流观点相悖），像克拉克这样的医生的观点更多地受到医学民俗传说的影响，但为了控制女性追求高等教育可能导致的社会弊病，董事们和其他一些人仍把这些观点看作"事实"。1877 年，威斯康星大学的董事们解释道："自然对青春期女性的精力有很大需求，因此女性在这个特殊时期里必须非常谨慎，以免造成伤害。"1895 年，弗吉尼亚大学宣称，女生常常因为学术压力而失去女性特征。

针对这些观点，人们采取了各种行动：为女生增设体育课的同时采取其他措施招收男生。比如，在西北大学（美国伊利诺伊州私立高校）增设工科课程以遏制这股危险的浪潮。爱德华·A. 罗斯（Edward A. Ross）建议内布拉斯加州立大学越来越多的女生为董事会出谋划策，鼓励他们创建一所商学院以留住男学生。为"保证学校办学性质"，当女生比例从1892年的25%上升到1899年的40%时，斯坦福大学开始采取措施限制女生人数。

• 反对之声与特别教育 •

1899年，在凡勃伦（Veblen）出版《有闲阶级论》（*The Theory of the Leisure Class*）时，他任教的芝加哥大学不仅实行了男女同校，而且保留了女性教师，但哈佛大学等学校因拒收女性而臭名昭著。在凡勃伦看来，各高校不愿意接纳女性是因为其自视高人一等——一种阶级价值和地位的证明。正如凡勃伦所说：

> 即使处于现代工业社会的紧要关头，声名显赫的大学也极不愿意采取行动。阶级价值感，也就是地位感，是根据性别对高级知识分子以及次级知识分子进行的一种荣誉名分之分。阶级价值感广泛存在于特权阶级中。

凡勃伦认为，维护男性统治应被视为维护其阶级地位的一种形式，当时的女性活动家并没有忽视这一点。女性瞄准像哈佛大学这样的高等学府，争取女性的入学机会。她们非常肯定，如果知名高校都向女性敞开了大门，那么其他大学也会随之效仿。此外，当美国女性无法在美国获得高等学位时，她们会前往欧洲攻读高等学位，希望以此向美国的大学施压，让其向女性敞开大门。

除了注意到许多人担心女性的存在"会有损所学技艺的尊严"外，凡勃伦还指出，在某种程度上，允许女性接受高等教育，意在让女性能更好地学习"有助于更好地为家庭服务"的知识，或是"类似学术和艺术的知识，因为这些显然是休闲的另一种表现方式"。换言之，女性受教育的最终目标是更好发挥女性在生活（主要是婚姻和家庭）中的作用。

事实上，从 19 世纪末到 20 世纪，男女同校的加速发展为女性带来了"一种特别的教育"。随着所谓选修课体系的不断扩大，学生不仅可以学习希腊语、拉丁语、数学、哲学、科学和英语课程，还可以选修其他课程，学校还鼓励女生选修音乐、绘画和交际舞等课程。安德莉亚·拉德克–莫斯（Andrea Radke-Moss）称，从 19 世纪 60 年代起，在"赠地学院"开设的钢琴和声乐课程中，多数都是女生。

这些课程有时也为其他就业机会提供培训。在"赠地学院"和一些女子学院中，由国内研究的扩展形成的家政学（home economics）占据了主导地位。在韦尔斯利学院，越来越多的女生可以选择新闻专业，为慈善机构和社会福利机构工作，或是将经济学作为自己的研究领域。在这之前，她们认为自己的职业仅限于婚前在校教书。虽然 1878 年出版的《教育年鉴》（*The Yearbook of Education*）中列出的许多"赠地学院"都宣布"人人免费"以及"男女不限"，但针对学费的研究发现事实并非如此。例如，内布拉斯加大学 1878 年出版的

《第七年度注册和目录》提供的要点显示，除音乐、绘画外的学科学费全免。当时每年30美元的学费，相当于2020年的769.17美元。根据美国人口普查，当时美国人的年平均收入为347美元，这一数字委实不小。

19世纪末和20世纪初，芝加哥大学和其他地方确实支持女性接受特别的教育。凡勃伦出版《有闲阶级论》的那一年，哈佛大学的著名校长查尔斯·艾略特（Charles Eliot）称，男女同校"在高度文明的社会是不可能的"，但女子学院可能有助于鼓励宗教信仰，成为年轻女性的礼仪学校。因此，哈佛大学允许"学生尽情学习自由文化，这些虽然没有直接的专业价值，但可以启迪智慧、完善人格"，他认为女性的教育应该不同于男性。艾略特表示，"男性和女性的生活不同，因此他们所受的教育也应该不同……他们接受的教育应该顾及自身的生活。"

• 并非自由市场 •

经济学家阿尔弗雷德·马歇尔（Alfred Marshall）、亚瑟·庇古（Arthur Pigou）和弗朗西斯·埃奇沃思（Francis Edgeworth）在支持女性进入职场的同时，也在润色他们关于自由市场的文章，称其瑜百瑕一。19世纪末20世纪初，女性的生活举步维艰，她们主要受制于性别歧视和种族隔离的劳动力市场。不过，劳动力市场正在发生变化。1880年，只有15%的10岁及以上的女性在有偿劳动力市场工作。到

1900 年，这一比例上升至 18.3%，1920 年为 20.5%，1940 年上升至 24.4%。世纪之交，女性最普遍从事的工作仍然是家政女佣，这一情况直到 20 世纪 20 年代才有所改变。虽然就业人数在日益增加，但已婚女性在外工作的人数依然很少。1890 年至 1920 年间，已婚就业女性的百分比从 4.6% 增长到了 9.0%。黑人女性的劳动参与率高于白人女性。例如，直到 1920 年，大约 44% 的黑人女性所从事的最普遍的职业要么是农场工人，要么是家政女佣。美国人口普查数据还显示，已婚黑人女性比已婚白人女性更有可能离家在外工作。1920 年，约 33% 的已婚黑人女性在有偿劳动力市场工作，而已婚白人女性的这一比例仅为 6.3%。

第二次世界大战前，女性接受高等教育的历史一波三折。美国妇女事务局的数据显示，在大萧条之前，女性在所有"大学校长、教授和教师"中所占的比例迅速增长，从 1910 年的 19% 上升到 1920 年的 30%，再上升到 1930 年的 32%。但到了 1940 年，这一比例下降至 27%，1950 年时这一比例已下降至 23%。

同样有趣的是，担任大学校长、教授和教师的黑人女性人数不断增长。虽然美国人口普查没有收集到 20 世纪初几十年的所有数据，但根据目前掌握的数据来看，1910 年的人口普查记录有 73 名黑人女性，1920 年的人口普查记录了 496 名黑人女性，而到 1930 年的人口普查显示有 1020 名黑人女性担任大学校长、教授和教师。尽管有人对这一类报告的数字存疑，但 1890 年通过的第二部《莫里尔法案》无疑促进了高等教育中黑人女性就业人数的增加，同时扩大了黑人学院和大学的规模。

1885年至1940年，获得学士学位的女性比例也快速上升。1885年，只有18.3%的女性获得本科学位，到1940年，这一比例已增至41%。至于高级学位，1900年只有6%的女性获得博士学位，但到了到1940年，这一比例已增至13%。

玛格丽特·罗斯特（Margaret Rossiter）称，19世纪获得博士学位的女性主要来自10所学校：耶鲁大学、芝加哥大学、康奈尔大学、纽约大学、宾夕法尼亚大学、布林莫尔学院、雪城大学、伍斯特大学、波士顿大学和密歇根大学。此外，其中大部分女性从事希腊语、拉丁语和英语的学术工作。到1940年，绝大多数获得高级学位的女性活跃在教育领域。

在非女性化领域获得高级学位的少数女性发现，她们的职业发展在很大程度上是通过遵守不同领域的惯例来实现的。例如，乔·弗里曼（Jo Freeman）表示，当凡勃伦在芝加哥大学任教时，政治学、经济学、人类学、历史学、心理学及社会学领域没有一位女性的职业生涯是以非资深教员的身份开始的，而且全是全职教授。索福尼斯巴·布雷肯里奇（Sophonisba Breckinridge）于1901年获得政治学和经济学的博士学位，并于1904年获得法学博士学位。但她发现自己并不能从事法律和政治经济学相关的工作。她的第一份工作是家庭管理系的助理教授。伊迪丝·阿伯特（Edith Abbott）在没有升职的情况下教了6年社会学，后来她被调到了一个所谓的女性院系，最后成了该学院的院长。

学术劳动的分配最终使拥有社会学学位的女性容易受到排挤，并成为本体论分歧的牺牲品。受弗吉尼亚·瓦利安（Virginia Valian）提出的"性别图式"的重大影响，19世纪末和20世纪初的学术经济学家将拥有经济学博士学位的女性定性为社会学家，将拥有社会学和历史学博士学位的男性定性为经济学家，这并没有引起人们对这种差异的关注。总而言之，"专业化"的推动与性别相互作用，通过排斥相关领域的女性学者，而承认和接受相关领域的男性学者，这往往损害了经济学等领域的女性学者的利益。

女性如何获得研究生学位，以及如何筛选与男性能力相当的女博士，引起了人们极大的兴趣。美国的大学是怎样阻挠女性获得经济学研究生学位的？女性会在哪里被录取，又会在哪里被拒之门外？女性在找第一份学术工作时能获得多大的支持？各机构制定的竞争规则对女性从事学术工作有多大影响？女性又能在多大程度上获得来自学术机构的有助于自己成功的支持？女性是否参加了新兴的专业协会？又能否在这些协会里担任领导职务？在主编、副主编和有权决定某人是否重要的编辑委员会成员眼中，女性是否发挥着日益重要的作用？

· 必然结局 ·

凡勃伦以一种后来的科学哲学家可能称之为知识社会学

的方式看待高等教育机构。这些哲学家将知识创造视为一种社会化过程，发生在受个人、社会和政治价值观影响的学者群体中。然而，这些后来的科学哲学家往往未能研究特定社会中的性别特征。他们认为，科学往往受到研究型基金分配的影响，但他们往往无法确定科学中的隐喻和概念框架是如何进行性别划分的。换句话说，他们对知识观产生政治敏感，但对知识观的性别政治不敏感。将性别视角扩展到知识社会学，海伦·朗基诺（Helen Longino）、桑德拉·哈丁（Sandra Harding）等女权主义科学哲学家阐明了这些群体的性别本质，同时指出这些学者的视角会受到其所在地的影响。根据这些学者的说法，女性在科学领域常遭到曲解，只因其人数寡不敌众。此外，哈丁指出，我们的理解受限于主观感知，而主观感知又受到环境和个人经验的影响。哈丁认为，"知识主张脱离不了特定社会环境，主导群体未能对自身有利的社会环境进行批判性系统性地自查分析，而自诩的有利社会环境对知识的生产起到了负面作用，使他们在科学和认识论上处于劣势"。

不论是这些女权主义科学哲学家提供的关于性别和知识生产的宝贵见解，还是凡勃伦的见解，都为研究性别和知识生产的政治经济学提供了有用的参考。了解19世纪末20世纪初女性在高等教育中所面临的境况，需要我们研究对地位维持的渴望如何影响了对学术行为标准和仪式的解释与应用。

总而言之，作为高等学校的"入侵者"，女性威胁到了高等学府的地位。因而处处受限。限制女性使用图书馆、实验室，限制其活动范围、课程选择，还常常挖苦其智力不足、缺乏分析能力。女性被告知，她们对平等待遇的渴望不过是"对权力的争夺"，她们"贪得无厌"。在这种环境下，女性经过艰苦卓绝所取得的胜利只不过是沧海一粟，波澜不惊。

排她现象：
美国经济学界的性别偏见

3

阈限空间：沉闷科学领域的研究生培训

获得经济学博士学位的女性取得了独树一帜的成就：从最早的一批"人脑计算机"之一，到国际计划生育联合会秘书长、第一位女性商业部部长，再到纽约证券交易所的第一位女性董事。还有第一位获得经济学博士学位的非洲裔美国女性，第一位成为加拿大经济学全职教授的女性，以及第一位在麻省理工学院斯隆商学院获得终身教职的女性。在这些才华横溢的女性中，有一位加入了美国中央情报局，成了美国关税委员会的成员，还在美国经济顾问委员会工作。这些杰出的女性在 1890 年至 1948 年期间获得了经济学学位，尽管她们才华横溢、干劲十足、坚韧不拔，但她们在学术追求上往往会吃闭门羹。

从一开始，女性所面临的各种挑战，白人男性不会遇见；女性希望能将所受教育应用于职业生涯，男性同事则不以为然。有色人种女性的境地更是四面楚歌。因此，当"不受待见"的有色人种女性面临着巨大阻碍时，她们会努力争取被接纳，或者转而从事其他有望获得成功的职业。

美国第一位获得经济学博士学位的非洲裔女性是萨迪·坦纳·莫塞尔（Sadie Tanner Mossell），即后来的萨迪·莫塞尔亚历山大（Sadie Mossell Alexander）。1918年，亚历山大获得了宾夕法尼亚大学教育学高级荣誉学士学位，并于次年在宾夕法尼亚大学攻读经济学硕士学位。亚历山大获得的经济学奖学金使她能够继续攻读博士学位。

1921年春，23岁的亚历山大获得了经济学博士学位——当时在美国获得博士学位的3位黑人女性之一。亚历山大既是第一位获得经济学博士学位的黑人女性，也是第一位获得宾夕法尼亚大学博士学位的黑人女性。同时，她还是当年获得宾夕法尼亚大学经济学博士学位的3人中唯一一位女性。与男性同事不同，亚历山大虽然取得了卓越的成就，但她在完成学业后还是很难找到工作。用她自己的话来说，"我所有的毕业论文都与经济学和保险业有关。但我在哪儿都找不到工作。事实上，就算我接受了所有培训，还是无法在费城的高中教书，因为他们不雇用任何有色人种老师"。

亚历山大面试了费城的许多家保险公司，但都没有应聘成功。最终，她被北卡罗来纳州达勒姆县的一家黑人所有的保险公司雇用，在那里与世隔绝、"极度孤独"地工作了两年。因为她来自北方，亚历山大还受到了来自南方黑人的偏见。亚历山大获得博士学位后找不到工作当然不是因为她没有多次尝试。亚历山大称，她的专业教授联系"全市乃至全国各地的朋友，竭尽全力给我安排工作，但没有办法，他们实在无法安置我，我也无法安置自己"。最终，亚历山大决定继续攻读法学专业。

亚历山大在宾夕法尼亚大学求学时面临着诸多挑战。她不得不每天"带午餐"，因为"没有接待有色人种的餐厅"。面对这种侮辱，她和其他一些学生向宾夕法尼亚大学校长埃德加·法斯·史密斯 (Edgar Fahs Smith) 表达了自己的看法，并希望他能够采取措施改善这种情况。而史密斯的回应是，他知道我们的遭遇，但他对此也束手无策。

在与丈夫一同作为律师的职业生涯中，亚历山大一直为那些遭受歧视的人做代理。她代表一些人提起诉讼，挑战进入影院时遭受的不平等待遇，并最终打破了影院中的种族隔离制度。在漫长而积极的一生中，亚历山大一直服务于正义事业。

1977 年，亚历山大在与沃尔特·M. 菲利普斯（Walter M. Phillips）的访谈接近尾声时，讲述了一个特别辛酸的故事。当时，她身为医生的嫂子正在寻找一名助手，于是亚历山大请来了海伦·狄更斯（Helen Dickens）博士。经过一段时间的观察，亚历山大发现狄更斯聪慧伶俐，便建议她先去宾夕法尼亚大学习得一技之长。但最终，狄更斯告诉亚历山大自己的申请被拒绝了。问及具体情况，狄更斯回答道："我收到一封信，信上说他们不会录取有色人种的学生。"亚历山大问："哪儿来的信？"狄更斯说："宾夕法尼亚大学。"

亚历山大第一时间打电话给那所大学当时的校长托马斯·S. 盖茨（Thomas S. Gates），向他传达了信中的内容。在盖茨、亚历山大、研究生院院长以及所有副院长出席的会议上，盖茨询问道，"她（海伦·狄更斯）毕业的院校是否获批？这可以保证她有资格进入医学研究院吗？""当然，先生……""她是以优异成绩毕业的吗？""没错，先生……"盖茨盼咐院长："通知亚历山大女士，告知她的朋友报到的时间。"

像亚历山大这样的女性所表现出的勇敢并非没有代价。例如，当狄更斯博士受邀参加宾夕法尼亚州的杰出女性评选会议时，亚历山大心知肚明自己不会入选。狄更斯博士参会后明白了缘由，原来大家一致认为亚历山大"是个刺头"。

亚历山大最终还是入选了宾夕法尼亚州的杰出女性，狄更斯博士也成了宾夕法尼亚大学佩雷尔曼医学院妇产科的全职教授。亚历山大自知她所处的社会环境，以及不愿屈服于不公的态度，会让她成为众所周知的"大麻烦"。正如亚历山大后来所说，"我想局外人并不了解这一切。但是，你看，当你做这一切时，你就是一个刺头"。亚历山大的生活经历证明"刺头"未尝不是一件好事。

• 七姐妹女子学院：并非毫无偏见的特权 •

在 19 世纪末和 20 世纪初，特权教育没有使女性在高等教育中免受歧视，也没能阻止女性在被剥夺平等权利时请愿。

在亚历山大获得经济学博士学位 5 年后，拉德克利夫学院的 9 名女研究生签署了一份致哈佛大学阿林·杨格（Allyn Young）教授的请愿书，希望能允许她们定期参加每周举行的经济学研讨会。杨格曾任哈佛大学经济系主任，1914 年至 1920 年曾任美国经济学会财务主管。拉德克利夫学院的女研究生在陈述自己观点时指出，她们都感觉到"不让拉德克利夫学院的女生参加这些会议，往往会将她们置于不利的境地"，为此她们必须放弃"听取经济学各领域专家的非正式讲座和探讨其他学生研究结果的机会"。她们接着说，"因此她们也错失了参与课外自由讨论的宝贵机会"。

在 1926 年的请愿书上签名的拉德克利夫学院的学生有：伊丽莎白·沃特曼·吉尔博（Elizabeth Waterman Gilboy）、玛丽·钱德勒·科伊特（Mary Chandler Coit）、艾米丽·哈丽特·亨廷顿（Emily Harriet Huntington）、玛格丽特·菲茨·伦道夫·盖伊（Margaret Fitz Randolph Gay）、尤尼斯·希普顿·科伊尔（Eunice Shipton Coyle）、米里亚姆·基勒（Miriam Keeler）、M. 格特鲁德·布朗（M. Gertrude Brown）、露丝·古比（Ruth Guppy）和安妮·吉尔克里斯特（Anne Gilchrist）。作为七姐妹女子学院之一，拉德克利夫学院是独特的。虽然这些女性是从拉德克利夫学院获得的学位，但她们会参加考试，并与哈佛大学的老师们一起工作。被这些精英女子学院录取在很多方面反映了一种特权教育，但这是有偏见的特权教育。

后来被称为七姐妹女子学院的高校在培养女性攻读经济学学位方面发挥了重要作用。1890 年至 1948 年间，302 名女性在经济学及相关领域获得了博士学位，在 102 所学术机构获得了本科学位。当我们调查这些本科生集中的学校时，我们发现其中 33% 的学生就读于七姐妹女子学院之一。

正如人们所料，在七姐妹女子学院之一接受本科教育的女性通常可能继续在七姐妹女子学院其中的一所学校继续研究生学习。那些在布林莫尔学院就读的本科生在选择学校攻读研究生学位时，经常选择布林莫尔学院。在布林莫尔学院获得经济学博士学位的 22 名女性中，有 7 人是在布林莫尔学院就读的本科。布林莫尔学院本科生攻读博士学位的第二大热门选择是拉德克利夫学院。同样，在拉德克利夫学院获得经济学博士学位的 15 名女性中，有 11 人是在拉德克利夫学院完成本科学业的。

巴纳德学院和哥伦比亚大学之间也出现了类似的关系。在巴纳德学院攻读学士学位的 9 名女性本科生中，有 7 名选择去哥伦比亚大学攻读经济学研究生学位。蒙特霍利约克学院的学生经常去拉德克利夫学院读研究生，而瓦萨学院的本科生前去哥伦比亚大学攻读研究生的人数最多。在这些年里，韦尔斯利学院的本科生同样被拉德克利夫学院、哥伦比亚大学和威斯康星大学所吸引。

显然，后来被称为"七姐妹"的女子学院在鼓励女生攻读经济学研究生方面发挥了重要作用。然而，在 19 世纪末 20 世纪初，并不是所有的女生都受到这些重要学府的欢迎——至少对非洲裔美国人来说是这样的。除此之外，当获准报名注册时，这些学生通常不被允许住在校园里——这既是一种侮辱，也是一种不便，使她们不仅难以被同龄人接受，而且往往错失良机。

琳达·M.珀金斯表示，韦尔斯利学院、拉德克利夫学院和史密斯学院是招收黑人女生历史最悠久的学院。19 世纪，这 3 所学校接收了非洲裔美国学生，尽管只有韦尔斯利学院允许这些学生住在校园里。20 世纪初，史密斯学院和拉德克利夫学院开始每年至少招收一名非洲裔美国学生。

1887 年，七姐妹女子学院之一的韦尔斯利学院成为第一个有非洲裔美国学生毕业的学院。这个女生的名字叫哈丽特·阿莱恩·赖斯（Harriet Alleyne Rice）。拉德克利夫学院从 19 世纪 90 年代开始不断招收非裔美国女性。于 1894 年入学，1898 年毕业的艾伯塔·斯科特（Alberta Scott）是第一个从拉德克利夫学院毕业的非洲裔美国学生，她随后在塔斯克基学院任教。1920 年，拉德克利夫学院作为招收黑人女生的表率，其同一个班级里共有 4 名非洲裔美国学生。奥特里亚·克伦威尔是 1900 年第一个从史密斯学院毕业的非洲裔美国学生。虽然她也不被允许住在校园里，但还是在 1926 年从耶鲁大学获得了博士学位。继克伦威尔毕业后，史密斯学院继续每年招收一名非洲裔美国学生。

在培养继续攻读经济学博士学位的女性本科生方面，布林莫尔学院排名第一。然而，布林莫尔学院的校长 M. 凯里·托马斯（M. Carey Thomas）极力反对招收犹太师生。杰西·雷德蒙·福塞特（Jessie Redmon Fauset）以班级第一的成绩毕业于费城女子高中，准备拿着传统的奖学金进入布林莫尔学院就读，但托马斯设法阻止——在得知福塞特是非洲裔美国人后，托马斯为她筹集资金，让福塞特去康奈尔大学就读。直到 1931 年伊妮德·库克（Enid Cook）毕业时，布林莫尔学院才授予非洲裔美国学生本科学位。虽然库克不被允许住在校园里，但她还是完成了学业，并于 1937 年在芝加哥大学获得了细菌学博士学位。从 1885 年成立到 1948 年，布林莫尔学院只有 3 名非洲裔美国毕业生，其中 2 名毕业于 20 世纪 30 年代，1 名毕业于 1948 年。

在获得经济学博士学位的女性研究生中，有 16 人是在瓦萨学院接受的本科教育。瓦萨学院是七姐妹女子学院中最晚招收非洲裔美国学生的。第一个从瓦萨学院毕业的非洲裔美国学生是 1897 年毕业的安妮塔·弗洛伦斯·海明斯（Anita Florence Hemmings）。和世纪之交的其他几个非洲裔美国学生一样，海明斯对自己的种族守口如瓶。毕业前夕，当被发现自己是非洲裔美国人时，海明斯向瓦萨学院校长詹姆斯·门罗·泰勒（James Monroe Taylor）申辩，成功避免了被学校开除。43 年后，瓦萨学院改变了政策，接受了第一个公开身份的非洲裔美国学生。

和瓦萨学院一样，蒙特霍利约克学院的前两名非洲裔美国学生霍顿斯·派克（Hortense Parker）和玛莎·罗尔斯顿（Martha Ralston）都是在被录取到校报到后才被发现是非洲裔美国人的。蒙特霍利约克学院院长弗洛伦斯·普林顿（Florence Purington）在写给史密斯学院的艾达·康斯托克（Ada Comstock）的信中提到，女孩儿们初来乍到时，她们的种族让校领导们大吃一惊。作为 19 世纪仅有的已知身份是非洲裔美国人的两名学生，派克和罗尔斯顿分别于 1883 年和 1898 年从蒙特霍利约克学院毕业。

• （早期）数据的问题 •

对女性和经济学史感兴趣的学者经常提出这样一个问题：美国第一个获得经济学博士学位的女性是谁？问题问得好，但答案可没那么简单。事实上，对此众说纷纭，这也许恰恰解释了为什么一些人对这个问题避而不谈。使这个问题复杂化的一个主要因素是，经济学是在19世纪最后几十年才成为一门学科的。实际上，许多提供博士学位授权点的院系直到20世纪才开始使用"经济学"这个称呼。

最早就这个问题写文章发表观点的人不在少数，沃尔特·克罗斯比·伊尔斯（Walter Crosby Eells）是其中之一。伊尔斯称，埃塞尔·缪尔（Ethel Muir）于1896年在康奈尔大学获得经济学博士学位，海伦·佩奇·贝茨（Helen Page Bates）于同年在威斯康星大学获得经济学博士学位。然而，与其说这些女性获得的经济学博士学位是一门科学，倒不如说是一门艺术。缪尔获得了哲学博士学位，并继续在蒙特霍利约克学院讲授哲学，而其他女性可能在贝茨之前就已经这样做了。

如果我们在论文中引用数字资源，便会发现第一个获得经济学博士学位的女性是弗洛伦斯·伊丽莎白·沃森（Florence Elizabeth Watson）。沃森于1890年在波士顿大学研究生院获得经济学博士学位。海伦·马吉尔（Helen Magill）于1877年在该校获得美国第一个希腊语博士学位。沃森的论文名为《伦理学与经济学的关系》。获得博士学位一年后，沃森嫁给了自己还是本科生时认识的查尔斯·卫斯理·布莱克特（Charles Wesley Blackett）。十几年后，她的丈夫于1904年在波士顿大学研究生院获得博士学位，成为斯坦顿大道卫理公会圣公会的一名牧师。作为一名已婚女性，即使拥有博士学位，沃森还是无法进入学术界。

继沃森之后，玛丽·格雷厄姆（Mary Graham）于1895年在耶鲁大学获得经济学博士学位。在获得博士学位之前，她是蒙特霍利约克学院的哲学和经济学教师。然而，像沃森一样，格雷厄姆在完成博士学业后仍找不到工作。耶鲁讣告索引报道，"1897年，由于超负荷学习，她的健康每况愈下，最后不得不在米德尔敦康涅狄格州立医院度过了她的余生"。尽管格雷厄姆死于肺结核，但作家们显然在她的悲剧故事中加入了爱德华·H.克拉克狭隘的医学设想，以此作为对女性"超负荷学习"危害的警示。

研究伊尔斯列出的在19世纪获得博士学位的其他女性，以及研究他未列入名单的女性，进一步证明了在经济学专业中女性所面临的各种挑战。其中3位未被伊尔斯收录的女性是凯特·霍拉迪·克莱格霍恩（Kate Holladay Claghorn），于1896年在耶鲁大学获得博士学位；玛丽·罗伯茨·史密斯（Mary Roberts Smith），于1896年在斯坦福大学获得博士学位；内莉·尼尔森（Nellie Neilson），于1898年在布林莫尔学院获得博士学位。虽然对她们的博士学位还有争议，但若对她们完成博士学业前后的背景进行调查，则能证明她们被纳入经济学家行列是合情合理的。此外，这三名女性都是美国经济学会的成员，这再一次证明了她们的学术身份。

要确定有资格获得经济学或政治经济学博士学位的女性，最好谨慎行事。事实上，社会学、历史学和政治学等领域的知名男性人士，甚至那些没有博士学位的人，轻而易举就可以毫无异议地在这门学科中占据一席之地。比如，戴维斯·R. 杜威（1911 年至 1940 年《美国经济评论》编辑），于1886 年在约翰斯·霍普金斯大学获得历史学博士学位；阿林·杨格（1914 年至 1920 年美国经济学会财务主管）在威斯康星大学获得社会学博士学位；查尔斯·F. 邓巴（Charles F. Dunbar，美国经济学会第二任主席兼哈佛大学政治经济学首席教授）并没有获得过博士学位。在早期，尤其是在 19 世纪，统计拥有经济学博士学位的女性是一项极具挑战性的重要工作。

· 经济学博士学位中的性别差异 ·

美国研究生教育的历史表明，在 19 世纪 70 年代到 80 年代，只有少数人获得政治经济学博士学位。约翰·B. 帕里什（John B. Parrish）表示，19 世纪 70 年代，美国只有 3 所院校授予了该领域的 3 个博士学位；而 19 世纪 80 年代，只有 5 所院校授予了 11 个博士学位。博士学位在美国的盛行始于19 世纪 90 年代，当时共有 12 所院校授予了 95 个政治经济学博士学位。

当时，所有对男性开放的高校都不允许女性接受研究生教育。伊尔斯称，到 1889 年，已有 10 所学院和大学向 25 名女性授予了所有领域的博士学位，其中雪城大学一马当先，授予了 7 名女性博士学位，波士顿大学和伍斯特学院各自授予了 4 名女性博士学位。

虽然对 19 世纪有多少女性获得经济学博士学位的估算有点争议，但很显然，女性在对她们开放的教育机构中受到了限制，鉴于经济学是"男性领域"的概念，经济学领域的女性数量尤其有限。但是，女性获得这门沉闷学科博士学位的机会有多有限？她们与男性同行又有何不同？

为了更好地了解 1890 年至 1948 年间获得经济学及相关领域博士学位的女性的特点，我收集了她们毕业的博士学校、本科生学校、与美国经济学会成员的关系、婚姻状况以及她们是否在其获得博士学位的学校工作等信息。这些数据以 19 世纪 90 年代到 20 世纪 40 年代，每 10 年为一个单位进行分析。研究人员随机抽取了与女性博士总数相等的男性经济学博士，以便将女性博士与男性博士进行比较。全部样本包括，在美国这一时期获得经济学和相关领域博士学位的所有女性，以及同等数量的男性。

样本中有 302 名女性。从 1890 年到 1909 年，每 10 年女性博士的平均数量低于每年 1 人。不过从 1910 年到 1919 年平均上升到每年 2 人，20 世纪 20 年代平均每年为 7.3 人，20 世纪 30 年代为 9.4 人，20 世纪 40 年代为 10.7 人，1946 年、1947 年和 1948 年是增长人数最多的年份。

授予女性博士学位的顶尖学府有哥伦比亚大学（57 个）、

拉德克利夫学院（48 个）、芝加哥大学（27 个）、威斯康星大学（25 个）、布林莫尔学院（14 个）、加州大学伯克利分校（11 个）、康奈尔大学（11 个）和宾夕法尼亚大学（10 个）。我们可以发现，授予女性经济学博士学位的主要院校随着时间的推移发生了变化。在 19 世纪 90 年代，耶鲁大学是其中的佼佼者。耶鲁大学接纳女性似乎是由政治经济学家阿瑟・T. 哈德利（Arthur T. Hadley）推动的，他于 1892 年至 1895 年任研究生院的首任院长，后来任耶鲁大学校长。在 20 世纪的头 10 年里，芝加哥大学和布林莫尔学院的女性博士人数最多；1910 年至 1919 年间，哥伦比亚大学的女性博士人数最多；20 世纪 20 年代、30 年代和 40 年代，哥伦比亚大学、拉德克利夫学院率先向女性授予经济学博士学位。

在为想要继续攻读经济学博士学位的女性提供本科教育方面，布林莫尔学院发挥了很大作用，302 名女性中有 22 名是在布林莫尔学院接受的教育。布林莫尔学院之后是瓦萨学院（16 名）、拉德克利夫学院（15 名）、韦尔斯利学院（14 名）、芝加哥大学（14 名）和蒙特霍利约克学院（11 名）。我们不能忽视七姐妹女子学院在鼓励和培养女性继续接受教育方面所发挥的重要作用——即使是在男性主导的经济学领域。

在随机抽取了 302 名在 1890 年至 1948 年间获得经济学博士学位的男性进行研究时，我们发现接收男性博士的顶尖学府的名单与女性相同，除了只接收男性的哈佛大学和只接收女性的拉德克利夫学院。授予男性博士学位的顶尖学府有哥伦比亚大学（45 个）、哈佛大学（37 个）、威斯康星大学

（35 个）和芝加哥大学（23 个）。

授予男性博士学位的第二批学校包括宾夕法尼亚大学（22 个）、康奈尔大学（20 个）、加州大学伯克利分校（18 个）和密歇根大学（10 个）。只有密歇根大学不是第二批接收女性的学校。

我们还发现，不同年代授予男性博士学位的学校的集中度也存在差异。宾夕法尼亚大学在 19 世纪 90 年代处于领先地位，而在之后的 20 年里没有一所学校处于领先地位。哥伦比亚大学在 20 世纪 20 年代处于领先地位，哈佛大学在 20 世纪 30 年代处于领先地位，20 世纪 40 年代哥伦比亚大学重回领先地位。

调查结果显示，哈佛大学的 16 名男生、威斯康星大学的 14 名男生和康奈尔大学的 10 名男生在获得经济学博士学位前，都曾接受过 3 所学校提供的本科教育。第二梯队的学校包括加州大学伯克利分校、艾奥瓦大学、宾夕法尼亚大学和伊利诺伊大学，每个学校各有 8 名男性获得本科学位。

比较研究生和本科生教育中的性别集中情况时，我们发现样本中的男性从共计 41 所不同的学校获得博士学位，而女性从 39 所学校获得博士学位，这一数字惊人地相似。然而，再看男女学生在这些学校的分布情况时，则发现男性趋于集中，女性则趋于分散。

从样本中可以发现，男性从 132 所不同的学校获得了本科学位，而女性仅从 104 所学校获得了本科学位。当研究这些学校中男女学生的分布情况时，则发现男性比女性更集中。因此，在研究样本中，男性在研究生和本科生层次的学校里更为集中。此外，还发现，男女学生的本科教育都比研究生教育更集中。

学术培训不仅提供了有助于从事某一职业的学历证书，还提供了在专业人员之间建立关系网的框架。这些关系网可能会带来实质性的好处。例如，如果像一些学校常见的那样，有雇用自己的研究生的做法，那么在研究生阶段建立牢固的关系网就变得尤为重要。同样，专业协会的成员身份与参与度在建立对职业发展至关重要的职业关系方面发挥着重要作用。辛西娅·爱泼斯坦（Cynthia Epstein）称，职业关系可以影响委员会与董事会的任命，以及获得专业期刊编辑职位的机会。

当我们对1890年至1948年间获得经济学博士学位的女性进行调查时，我们发现女性加入美国经济学会的可能性远低于男性。我们的样本结果表明，56%的女性博士生会在某个时候加入美国经济学会，而69%的男性博士生加入了美国经济学会。当我们按年代来分析男性和女性成员时，我们发现在1890年至1899年和1900年至1909年期间，男性和女性加入美国经济学会的可能性没有统计方面的差异。然而，在1910年至1919年期间，由于女性加入的可能性较小，因此在统计上存在显著差异。这种差异在20世纪20年代消失，但在20世纪30年代和20世纪40年代再次出现。20世纪30年代和20世纪40年代，美国经济学会中女性博士学位获得者的人数差异日益扩大，这可能反映了劳动力市场现状所带来的经济压力，这些现状对女性经济学家越来越不利。

• 建立联结 •

选择哪所院校进行研究生学习是一个重要决定，它会产生许多影响。这一选择关乎与其他研究生的关系，关乎对职业发展至关重要的导师关系。研究生期间的学习情况，直接影响着未来的职业抉择。

考察从 1890 年到 1948 年获得经济学博士学位的 604 名研究生样本，我们发现许多人在完成研究生教育的同一学术机构获得了教职。经济学领域的女博士在其获得博士学位的学术机构找到工作的平均比例为 26%。对于男性来说，这一比例更高：36% 的男研究生在他们完成学业的学术机构担任学术职位。

当我们以 10 年为单位研究这种联系的可能性时，便会发现，前 30 年（1890 年至 1899 年、1900 年至 1909 年和 1910 年至 1919 年），男性和女性在研究生院获得学术职位并无太大差异。然而，从 20 世纪 20 年代到 40 年代，男博士生比女博士生更有可能维系这种关系网。随着越来越多的女性从七姐妹女子学院以外的学术机构获得博士学位，她们的选择越来越少，这使得女性建立关系网的可能性大大降低。

• 危险的阈限空间 •

19 世纪末和 20 世纪初的女性学者面临着巨大的挑战，尤其是对有色人种学生来说。作为耶鲁大学第一位获得经济学博士学位的黑人女性，菲利斯·安·华莱士（Phyllis Ann Wallace）讲述了种族不平等是如何影响她本科阶段专业的选择、研究生阶段的学习及早期职业生涯的。朱丽安·马尔沃（Julianne Malveaux）在她为华莱士写的传记中解释说，华莱士想离开马里兰州，因为种族原因她无法在马里兰大学就读。黑人学生一律都在摩根州立学院接受教育，除非这里没有他们所选的专业。在这种情况下，这些学生将获得去州外学校求学的费用，而不是向他们开放马里兰大学。华莱士之所以选择经济学，是因为马里兰大学开设了这门课，而摩根州立学院没有。她收拾行囊前往纽约大学，并在 1943 年以优异的成绩毕业，获得了经济学学位。

在耶鲁大学研究生院，根据院系规定，华莱士不能担任教学助理，但可以担任科研助理。因此，即使高等学校会向有色人种学生敞开大门，也不一定会敞开所有大门。

1948 年从耶鲁大学获得博士学位后，华莱士前往纽约市立大学任教，并在美国国家经济研究局开展研究工作，直到 1953 年，她来到亚特兰大大学——美国南部历史上第一所黑人大学。1958 年，当华莱士担任"情报经济分析师"（她后来称之为"她的代理生涯"）时，她写信给美国国家经济研究局研究主管、美国经济学会执行委员会成员所罗门·法布里坎特（Solomon Fabricant）。华莱士表示，美国经济学会会议如在限制非洲裔美国人出入公共场所的城市举行，她便很难参加。法布里坎特回复道："执行委员会不希望在一个会让我们的任何成员感到不悦的城市举行会议。据我所知，会议不会在新奥尔良举行。"直到1971年，年会才在新奥尔良举行。1964年的《民权法案》（Civil Rights Act）为实现种族平等提供了一个明确的法律基础，保证所有人都能充分、平等地享受公共设施，而不因种族、肤色、宗教或国籍受到种族歧视或种族隔离。

当女性被鼓励继续接受教育时，经常会收到各式各样的混杂信息。乔·安妮·普雷斯顿（Jo Anne Preston）称，他们鼓励女性"争取平等的教育机会，而不是平等的就业机会"。女性面临的挑战之一是人们认为婚姻与作为学者的工作相冲突的文化定式。

在1890年至1948年间获得经济学博士学位的302名女性中，57%的人有过婚姻经历。而在302名男性样本中，有过婚姻经历的比例高达96%。这种差异反映了许多女性在攻读博士学位时面临一些艰难抉择。伊丽莎白·帕舍尔（Elizabeth Paschel）提供了自己此前生活经历的第一手资料。

1933年，32岁的帕舍尔从威斯康星大学获得了经济学博士学位。未婚的她意识到靠自己无法养活自己和母亲。帕舍尔在新泽西女子学院担任临时教师，但她知道"女性没有多少机会从事所谓的男性职业——经济学教授"。帕舍尔知道自己本可以在女子学院获得一份工作，但她对自己将会面临的选择和薪水方面的不公感到极为愤慨。

谈到自己所经历的不公，帕舍尔继续说道："当你参加学术会议时，男性总是有机会发表演讲、汇报研究成果，在杂志上发表文章的可能性也更大。我只是认为自己应该多加尝试。"这是她在评估自己在学院的前景时的想法。

帕舍尔决定接受为期一年的任命，担任由劳动统计局发起的洛基山地区消费者购买力调查项目的主管。在此期间，她面临着另一个影响职业生涯的决定。她遇到了一个想和自己建立关系的男人——一个银行家。过了一段时间，他要求帕舍尔辞去工作嫁给他。回顾当时的情况，帕舍尔解释道，虽然自己很想继续工作，但他开始感到不舒服。因为他的朋友们几乎都结婚了，"在他的职业生涯中，是时候让他确立自己的地位了"。帕舍尔继续说，"已婚男人会比未婚男人得到更好的职位和更高的薪水。"但是最后，帕舍尔还是选择工作，放弃了婚姻。

帕舍尔的职业生涯成绩斐然。她在美国劳工联盟从事研究工作，1942 年至 1951 年担任社会保障管理局项目规划处处长，1952 年至 1967 年担任福特基金会的执行官。在这一时期，婚姻与工作，特别是学术工作之间的不兼容性，是许多女性专业人士的生活中反复出现的主题。

• 性别与研究生教育 •

女性开始通过研究生教育从知识消费者过渡为知识生产

者。女性成为这一角色，并不受欢迎。在此期间，授予女性和男性经济学博士学位的顶尖学府是相同的，不同的是，进入哈佛大学的男性是从哈佛大学获得的本科学位，而进入哈佛大学的女性则是从拉德克利夫学院获得的本科学位。正如要求定期参加每周研讨会的请愿书所表明的那样，被排除在活动之外使拉德克利夫学院的女生处于不利地位，因为她们不仅会错过正式的研究讨论，还会错过与其他研究生进行交流的宝贵机会。

拉德克利夫学院女学生的担忧表明，她们意识到研究生院在为关系网奠定基础方面的重要性，而关系网通常在许多方面都很重要。研究生院的男学生期望可以通过建立友谊，从而在未来成为各种出版物的合著者。同样，研究生也通过建立牢固的关系网以便日后在获得学位的高校入职。关系网的确是一笔财富。

其至那些在其他男女同校学校就读的女性也意识到，"女性没有多少机会从事所谓的男性职业——经济学教授"。正如帕舍尔所指出的，男性总是有机会在年会上发表演讲、汇报研究成果。意识到这些和其他的不平等之后，帕舍尔放弃了学校工作，转而决定去政府部门上班。

同时，有色人种女性面临着严重的偏见和歧视。大多数教育机构都不招收有色人种的女性本科生。虽然七姐妹女子学院为许多继续攻读研究生学位的女性提供了帮助，但其中并不包括有色人种的女学生。在少数被允许入学的情况下，有色人种女性通常也是在使用学校设施受限的情况下入学的。

像华莱士经历的那样，有色人种学生面临着重大挑战，这使他们在选择研究生学校、攻读博士学位和职业发展方面，都受到了很大限制。

最后，帕舍尔的故事从另一个非常个人化的角度反映了被迫在事业和家庭之间做出选择的女性所面临的挑战。在这一时期，获得经济学博士学位的男性中有超过90%的人结婚，但仅有57%的女性结婚。婚姻与学术工作不相容的概念对许多人来说是一种强有力的威慑，提醒人们双重标准的存在。诗意地描述自由市场优点的经济学被冠以"选择性研究"的绰号，是我们不得不接受的严酷现实。

4

教授以上职称会员制

1897 年春，在为期 4 个月的巡回演讲之后，夏洛特·帕金斯·吉尔曼（Charlotte Perkins Gilman）在堪萨斯州尤里卡的一个牧场中度过了一周。前几年，吉尔曼来到了加利福尼亚州的奥克兰，她与女性俱乐部的联系自此开始——她后来称这些俱乐部为"19 世纪最重要的社会学现象之一"。她组织了奥克兰民族主义者俱乐部（后更名为新国家俱乐部），并加入了太平洋海岸妇女新闻协会、妇女大会协会、埃贝尔协会、伦理协会、家长协会和经济俱乐部。吉尔曼并非孤身一人。截至 20 世纪的第 1 个 10 年，超过 100 万的俱乐部女性自愿参加改革协会，呼吁变革。

通过担任奥克兰经济俱乐部的部长，吉尔曼于 1892 年至 1893 年加入了美国经济学会并一直保持着其成员身份，直到 1895 年至 1896 年，当时美国经济学会档案中手写的成员名册显示她已辞职。离开美国经济学会不到一年，吉尔曼在堪萨斯州的日记中写道，她发现"在我关于上述主题的理论中出现了新的分支。分歧巨大且显而易见，足够写一本书了"。吉尔曼的《女性与经济学》（*Women and Economics*）出版于 1898 年。虽然许多人认为这是经济学思想方面最具独创性的著作之一，但这本书在许多方面还是缺乏专业性。

对美国经济学会等组织成员名单的研究为我们提供了一个独特的窗口，让我们了解性别在经济学家争取地位和影响力的斗争中所起的作用。在研究经济学作为一门学科兴起的历史时，如果很少关注性别在职业权威兴起中的作用，那么这样的历史是不完整的。越来越多的文献记录了早期女性经济学家及其贡献，还有她们所面临的挑战和冲突。通过研究美国经济学会的档案，我们发现性别在经济学领域所起的作用不容忽视。

接下来的内容，首先讲述了美国经济学会的起源及其早期女性会员。其次介绍了该组织的财政匮乏情况及其为提高会员地位、扩大会员数量所进行的各种努力。最后研究了美国经济学会会员制是如何将天然的支持者（女性）排除在外，以换取与商人交往所带来的经济支持和地位的。

• 专业知识和美国经济学会的起源 •

19 世纪末，研究型大学的兴起带来了许多政治经济学专业的教学职位，教授们在一种"从未尊重知识权威"的文化中面临着越来越大的社会地位压力。欧洲学者所获得的地位以赞助制度为基础，而美国的教授越来越依赖于通过专业知识的权威来获得地位。马里恩·富尔卡德（Marion Fourcade）指出，专业学会以经济学科为中心，是组织和创造专业知识的重要机制。

1885 年，美国经济学会最初设想的改革方向是"针对那些拒绝将自由放任政策作为科学信条的经济学家"。仅仅两年后，法律经修订删除了一些激进的原则声明。尽管如此，学会成员之间仍然存在重大分歧——这种分歧显然已威胁到经济学家作为专家的地位。事实上，美国经济学会的头 7 年一直处在紧张的气氛中，一直被困扰在 A.W. 科茨所提出的根本原则问题上——"社会改革的推动在多大程度上能与被认为代表科研团体的学术公正性相兼容？"

19 世纪 90 年代至 20 世纪初，与现有政策存在分歧使这一新兴组织并不受外界欢迎，当时经济学家因发表了对银币的自由铸造、工人运动和公共事业的各种观点而受到抨击。爱德华·A. 罗斯很快发现，持有不受欢迎的观点是危险之举。罗斯由于违反了简·斯坦福（Jane Stanford）所谓的禁止党派政治活动的规定，被解雇了，但她并不是个例。爱德华·W.贝米斯（Edward W. Bemis）被芝加哥大学解雇，亨利·亚当斯（Henry Adams）被康奈尔大学解雇，约翰·罗杰斯·康芒斯（John Rogers Commons）被迫提前从印第安纳大学退休，这都是因为他们在各种问题上的观点与当权者的观点不一致造成的。

内部分歧主要体现在经济问题上，外部分歧主要体现在学术自由上，两大分歧迫使人们重新认识归类，从而促成了一种特殊的经济学专业主义。玛丽·弗纳（Mary Furner）认为，知识生产逐渐由像大学董事会和州政府这样的外部机构负责，这会与"科学精神"不相容。研究机构和专家委员会所倡导的"不干涉专业主义"有助于将改革者转变为技术专家。美国经济学会没有直面学术自由问题，但在为教授们提供会面、交流信息和签署支持信方面——换句话说，也就是在集体行动方面，发挥了重要作用。令人印象深刻的是，一门愈发强调自由市场优势的学科竟然通过采取集体行动来寻求地位和职业回报。

在多萝西·罗斯看来，这种特殊形式的专业化的主要受害者是女性。在19世纪的最后10年和20世纪初，越来越多的女性参与到研究生项目中来，她们被引导进入像社会工作、改革活动和女子学院这些被"男性定义为科学和学术主流之外的领域"。作为学术专业人士的男性社会科学家主要与工作领域内的其他男性交流，在专业期刊上发表学术观点，并通过他们在专业组织中的参与获得地位和支持。

• 美国经济学会早期的女性成员 •

从19世纪80年代成立到20世纪20年代中期，美国经济学会一直在努力争取足够的资源来举办各种活动，并不断扩大其影响力。出版《美国经济评论》所需的成本，以及采取其他一些举措所需的成本，使得本就增长缓慢的成员收入成为问题。在一定程度上，正是这种财政压力，让学会工作人员把商界视为其所需支持资金的来源。用科茨的话来说，"至少直到20世纪20年代中期之前，如果没有商人定期的捐款，或者间歇性地以赠送礼品、缴纳终身会员费、出版专著、奖励新成员的形式为学会提供财政支持，美国经济学会就无法生存和完成其全部的自定任务"。

除了财政支持（例如，女性慈善家热衷于支持有关女性的论文获奖）之外，美国经济学会的领导人还会在活动中邀请商人以扩大自身的影响力、提升地位。对高等教育感兴趣的慈善实业家创办了许多私立大学，如约翰斯·霍普金斯大学、范德堡大学、芝加哥大学和斯坦福大学，同时与政治精英建立了联系。虽然进步的时代是对商业利益进行重大批判的时期，但"从表面上看，这个时代属于商业"。到 20 世纪 20 年代，时任哈佛大学校长的 A. 劳伦斯·洛厄尔（A. Lawrence Lowell）以哈佛商学院的成立结束了这一循环。洛厄尔在 1923 年于《哈佛商业评论》（*Harvard Business Review*）上发表的文章中，将"哈佛商学院的创立归因于商业管理作为一种独特职业的出现"，他宣称"伟大的职业一直是进步的主要动力之一"。

美国经济学会的 3 次会员招募活动（分别是 1900 年至 1902 年、1909 年至 1913 年和 1922 年至 1926 年）都明显地依赖商人。这不仅揭示了该组织财政匮乏的现象，还揭示了其提升成员地位的愿望。如何招募新成员和保留现有成员一直是人们关注的焦点，有关招募的决定清楚反映了美国经济学会对财政稳定的需求，以及给予那些从事具有更大影响力的新职业的人优先权。这一职业化趋势对女性及其作为成员的参与产生了重大影响。

美国经济学会前两次会员招募活动都是在学术界以外进行积极招募，虽然优先考虑了扩大会员数量，但还是忽略了积极参与社会事业的女性——她们可能代表的是更天然的支持者。美国经济学会第三次扩招会员的活动，在对商人、律师和银行家进行招募的基础上，扩大了范围，努力将研究生和年轻教师纳入学会。在 20 世纪 20 年代，女性在美国经济学会的人数增长已不是什么值得大惊小怪的事。

对 1886 年至 1948 年美国经济学会早期女性成员参与情况的简要调查揭示了这一点（表 4.1）。在美国经济学会成立的前 40 年中，女性成员比例在 1888 年达到顶峰，430 名个人成员中有 46 名女性，占成员总数的 10.7%。在美国经济学会第一次会员招募运动（1900 年至 1902 年）之后，女性成员占比在 1903 年下降到 2.4%——868 名个人成员中只有 21 名女性。第一次招募运动推动了美国经济学会中男性成员的数量从 1900 年的 560 名增加到 1903 年的 847 名，但女性成员的数量没有增加。1903 年与 1900 年一样有 21 名女性成员。从绝对数量上来看，1889 年美国经济学会 568 名个人成员中只有 50 名女性，直到 1910 年才超过 50 名，1910 年美国经济学会 1339 名个人成员中有 61 名女性，占比 4.6%。第二个峰值是在美国经济学会第二次招募活动中实现的，该活动将成员从 1909 年的 948 名男性和 33 名女性（女性成员占比 3.4%）提升到 1914 年的 2070 名男性和 78 名女性（女性成员占比 3.6%）。总的来说，从 1890 年到 1909 年，美国经济学会中女性成员的数量从未超过 33 人，1897 年女性成员只有 19 人。1919 年，女性在美国经济学会个人成员中的占比回落至 2.9%，随后缓慢但稳定地增长，1924 年女性成员占比超过 4%，于 1928 年超过 5%。

表 4.1 1886 年至 1948 年美国经济学会成员

年份	总计（名）	机构成员（名）	个人成员（名）	男性成员（名）	女性成员（名）	女性成员占比（%）
1886	182	0	182	175	7	3.8
1888	455	25	430	384	46	10.7
1889	609	41	568	518	50	8.8
1890	634	61	573	540	33	5.8
1894	781	77	704	672	32	4.5
1895	642	77	565	545	20	3.5
1896	675	86	589	568	21	3.6
1897	678	94	584	565	19	3.3
1898	675	99	576	554	22	3.8
1899	693	117	576	555	21	3.6
1900*	706	125	581	560	21	3.6
1901*	801	133	668	648	20	3.0
1902*	968	131	837	813	24	2.9
1903	1003	135	868	847	21	2.4
1904	975	138	837	810	27	3.2
1905	1009	137	872	847	25	2.9
1906	1006	139	867	841	26	3.0
1907	1000	146	854	828	26	3.0
1908	1005	153	852	825	27	3.2
1909**	1134	153	981	948	33	3.4
1910**	1509	170	1339	1278	61	4.6
1911**	2115	198	1917	1841	76	4.0
1913**	2563	251	2312	2227	85	3.7

年份	总计（名）	机构成员（名）	个人成员（名）	男性成员（名）	女性成员（名）	女性成员占比（%）
1914	2449	301	2148	2070	78	3.6
1916	2392	346	2046	1972	74	3.6
1919	2667	478	2189	2125	64	2.9
1922***	2951	611	2340	2257	83	3.5
1924***	3350	728	2622	2511	111	4.2
1926***	3349	744	2605	2480	125	4.8
1928	3469	803	2666	2518	148	5.6
1931	3821	1008	2813	2649	164	5.8
1933	3496	957	2539	2393	145	5.7
1936	2637	—	2637	2478	159	6.0
1938	2697	—	2697	2536	161	6.0
1940	3151		3151	2978	173	5.5
1942	3487		3487	3269	218	6.3
1946	4408		4408	4038	370	8.4
1948	5851	—	5851	5353	498	8.5

排她现象：
美国经济学界的性别偏见

资料来源	数据取自《美国经济学会记录》、《美国经济学会出版物》、《美国经济学会手册》、《经济研究补编》、《美国经济学会公报》和《美国经济评论》中的成员名单。成员的性别是根据名字来确定的，也通过搜索报纸、讣告、人口普查记录等历史文献来确定。
注	"女性成员占比"一栏显示女性成员占美国经济学会成员总数的百分比。 * 第一次会员招募活动 ** 第二次会员招募活动 *** 第三次会员招募活动

• 分会的消亡和第一次成员招募运动 •

美国经济学会在 1885 年成立之初以及吉尔曼加入后的几年里，决定创建分会。事实上，吉尔曼对俱乐部运动的兴趣，以及后来加入美国经济学会的原因可能是因为早年分会的存在。分会的消亡无疑是阻碍女性参与的早期因素。

1886 年发行的《美国经济学会出版物》提供了康涅狄格河谷分会官员的姓名——都是男性。次年，美国经济学会第二届年会上关于康涅狄格河谷分会的报告称，爱德华·W. 贝米斯（康涅狄格河谷分会秘书）对分会的前景充满希望，康涅狄格河谷分会"在数量和影响力上稳步增长，截至目前，已拥有 62 名成员，其中包括 11 名女性"。他接着问道："难道组织这样的男女分会不是美国经济学会的一项重要使命吗？"

康涅狄格河谷分会是美国经济学会的第一家分会，其他分会也很快跟上，包括奥兰治（新泽西州）分会、布法罗（纽约州）分会、盖尔斯堡（伊利诺伊州）分会、华盛顿（华盛顿州哥伦比亚特区）分会、坎顿（俄亥俄州）分会和奥斯汀（得克萨斯州）分会。会员名册显示，1886 年和 1888 年的所有分会会员都是男性。1889 年，安妮·H. 巴勒斯（Annie H. Barus）成为华盛顿分会的副总裁，A. 麦格雷戈（A. McGregor）女士担任坎顿分会的副总裁。

1894 年的会员手册显示分会已出现"麻烦的迹象"。手册上没有公布分会会员的姓名，据报道，"已有人下令将拖欠会费超过一年的所有分会成员的姓名从名册上删除"。

显然，各分会只收取会员一半的常规会费，却为其提供充分的查阅以及出版专著的机会，这势必给分会造成越来越大的财务压力。当办公室未收到应得的那份会费时，便迅速采取了行动。1895 年，该学会报告称：

> 分会中没有一人留下。今年年初，他们都不再积极工作，几年前他们就已不再缴纳会费，但我们仍然继续给他们寄送专著。我们一再给秘书们写信，其中一些人勤恳工作，终于把彼此间的业务都解决了（除了一个例外），我们希望在适当的时候能最终解决这个问题。

秘书的报告表明，分会成员的流失对新兴学会来说是一笔不小的损失。第 7 届年会报告显示，从 1894 年 1 月 1 日到 1894 年 12 月 27 日，分会成员从 132 人减少到 0 人，而当年正式成员总数仅为 482 人。

尤其值得注意的是，分会的消亡对女性参与学会的影响。女性积极参与俱乐部活动，我们所知的这些分会成员的信息显示，女性所占比例远高于全国登记在册的人数。当受到地域（流动性）限制时，分会仍允许女性参与。显然，建立一个没有分会的全国性学会不利于女性的广泛参与。

分会的消亡还带来了包括神职成员减少在内的其他变化。仔细研究 1902 年美国经济学会成员名单后就会发现，个人成员头衔的变化可能不仅仅只是为了节省空间。在那一年，剩下的神职成员仅按他们的名字（只剩下一位牧师）和他们的资质（神学博士）列出。以利沙·本杰明·安德鲁斯（Elisha Benjamin Andrews）的头衔从"内布拉斯加州立大学校长、法学博士、神学博士、牧师"到"内布拉斯加州立大学校长"的转变说明了神职成员地位的下降。1904年，可认定为神职成员的数量为1人。此后，再无神职成员。

美国经济学会成员中神职成员的减少是公认的，这表明学会成员性质开始发生变化。但人们对于第一次成员招募运动的作用及其对女性成员的影响知之甚少。

在学会成立的最初几年，理查德·T.伊利（Richard T. Ely）担任秘书时，"我们下定决心努力争取非学术人士的支持，早期的成员名单中有很大一部分是神职人员"。然而，1900年伊利成为美国经济学会主席，第一次成员招募活动开始时，学会努力"争取商界和专业人士的支持"。美国经济学会财务主管查尔斯·H.赫尔（Charles H. Hull）告诫理事会成员要"积极招募学会成员"。随后，理事会决定要求其成员"每人推荐至少5名学会成员候选人。"

女性成员数量并未因此次招募活动而增加，这并不奇怪。虽然1902年理事会由154名成员组成，但其中只有1名女性——玛丽·罗伯茨·史密斯。最后，正如科茨所指出的，第一次成员招募活动几乎是由伊利一手操办的。代理部长法兰克·A.菲特（Frank A. Fetter）称，这是成员人数在历史上增幅最大的一次，"如果没有成员的真诚合作及伊利主席的努力，就不可能取得这样的成果。伊利主席为了学会的利益付出了很多心血"。第一次成员招募活动成功招募了 279 名男性成员，但女性成员数量并没有增加。

• 天然组成部分 •

第二次会员招募活动（1909 年至 1913 年），争取商人支持及入会的努力尤为明显，这反映了学会对增加成员收入来源和寻求领先地位的渴望。这一专业化趋势对女性及其作为美国经济学会成员的参与度产生了重大影响。

在 1909 年 12 月 27 日至 31 日的部长报告中，托马斯·尼克松·卡弗（Thomas Nixon Carver）对该学会的招募活动进行了深入调查，他说，"除非我们做到以下三件事之一，否则学会的财务状况将一直不尽如人意：一是增加成员人数；二是增加年费；三是减少出版物"。在这些选择中，他接着说："在学会秘书长看来，第一种选择最有吸引力。"学会领导层同意了这一点，并组织了第二次成员招募活动。

主席被授权任命一个成员委员会，与秘书长合作，以增加成员数量。罗杰·W. 巴布森（Roger W. Babson）、弗兰克·H. 狄克逊（Frank H. Dixon）和阿奇·威尔金森·肖（Arch Wilkinson Shaw）被任命为委员会成员。巴布森是一位企业家，他在创建巴布森统计组织和巴布森学院之前曾为投资公司工作；狄克逊于 1906 年至 1912 年担任达特茅斯学院经济学教授和美国经济学会执行委员会成员；肖是一位出版商，也是绍尔公司的创始人。肖后来回到哈佛大学学习经济学，因此他同时涉足了两个领域。显然，该委员会的组成反映了领导层希望增加其成员中的商人数量的想法，而对扩招女性成员几乎没有兴趣。

招募商人的努力在不同时期扩展到大多数美国经济学会官员，这在第二次成员招募活动中表现得尤为明显。在一封写于1913年10月13日的信中，《美国经济评论》编辑戴维斯·R. 杜威向北卡罗来纳州教堂山的查尔斯·L. 雷柏（Charles L. Raper）征求潜在成员的名单。显然，雷柏并不是北卡罗来纳州唯一一个收到这封信的人。威廉·H. 格拉森（William H. Glasson）回复了杜威写给他的信，提请他注意"北卡罗来纳州经济学会的成员数量相对较少"。格拉森给出了以下可能对入会感兴趣的人的名字：乔治·斯蒂芬斯（George Stephens，银行家），约瑟·G. 布朗（Joseph G. Brown，银行家），J. F. 布鲁顿（J. F. Bruton，银行家），J. S. 卡尔（J. S. Carr，银行家），J. F. 威利（J. F. Wily，银行家），J. A. 朗（J. A. Long，银行家、州参议员），威克多·布莱恩特（Victor Bryant，律师、州参议员），乔治·瓦兹（George Watts，资本家）和约翰·斯普林特·希尔（John Sprunt Hill，银行家）。格拉森指出，他们几乎都是银行家，建议杜威将注意力放在"我们的出版物对他们这个阶层的巨大价值"上，因为他们"倾向于将我们的学会视为一个纯粹的学术组织"。杜威在招募宣传文章中采纳了他的建议，商人对此可能会特别感兴趣。

第二次会员招募活动，年费从3美元增加到5美元，这直接导致了成员人数减少。在活动的最后一年，会费提高了，秘书长不愿提及这是"第一次，现任秘书长不得不在其年度报告中记录的成员流失"。1914年冬，当学会成员人数持续下降时，秘书长阿林·杨格开始向5300名潜在成员致信。从学会成员资格的角度衡量，这些邀约产生的回报似乎会很低。杨格后来表示，这项"投资"的回报似乎"少得令人失望"。

尽管如此，在第二次成员招募活动结束后，学会仍在继续招揽成员。从1918年5月13日的信中可以看出，杜威让他的秘书获取了一份波士顿名录，以便拿到"供成员传阅的名单"上的地址。虽然这份名录只提供了少数女性的名字，但有证据表明，在这一时期，美国经济学会曾邀请女性经济学家加入。1918年3月，杜威写信给杨格，建议布林莫尔学院推荐以下几位女性加入美国经济学会：安吉·L.凯洛格（Angie L. Kellogg）、安娜·C.麦克布莱德（Anna C. McBride）、克拉拉·E.莫特森（Clara E. Mortenson）和安妮·贝赞森（Anne Bezanson）。

在美国经济学会的档案中，向布林莫尔学院征集女性成员的信件显得与众不同，因为当时几乎所有征集成员的信件都是寄送给商人的。档案显示这封信有可能是会员邀请函。1918年1月30日，就在寄送招募女性成员信件的前几个月，杜威收到了布林莫尔学院苏珊·金斯伯里（Susan Kingsbury）的来信，信中指出最近在《美国经济评论》上发表的博士论文名单中没有布林莫尔学院的学生。虽然寄给布林莫尔学院的信件也许与之前的事件无关，但看起来寄信更像是杜威在试图缓和事态。

通过关注战时资金需求，学会获得了一个独特的机会，以确保成员捐款并呼吁商业阶层的加入。然而，这种解决学会财务困难的特殊方法也出现了潜在问题。从 1918 年 5 月杨格写给美国经济学会成员安妮·E. 加德纳（Anne E. Gardner）的信中可以发现，第一次世界大战期间，美国经济学会的官员一边筹款支持委员会工作，一边努力向成员通报正在进行的与战争有关的活动。在这封信中，杨格告诉加德纳他拟发送给所有学会成员的通函。杨格接着解释说，发出通函的"真正原因"是"有人向 E. R. A. 塞利格曼（E. R. A. Seligman）教授提供了一笔 5 万美元的资金，用于支持委员会的工作，虽然资金来源很不错，但我们认为，除了作为学会成员捐款的普通基金的一部分外，我们不能使用其他来源的资金"。杨格表示，"对于向委员会提供资助的纽约商人，尤其是 R. H. 梅西公司（R. H. Macy and Company）的艾斯多尔·斯特劳斯（Isidor Straus）先生和 J. P. 摩根公司（J. P. Morgan & Company）的托马斯·拉蒙特（Thomas Lamont）先生，如果还不是成员的他们将加入该学会，那么全部入会费用将由该学会的成员支付"。这封信表现了美国经济学会官员对非成员提供资源的敏感，以及他们在推动此类捐赠方面的道德灵活性。

当时的美国经济学会主席欧文·费雪将精力集中在招募商业阶层的成员上，并围绕第一次世界大战精心设计了自己的言辞。在 1918 年 10 月 30 日的信中，费雪写道：

> 先生，我相信作为一名律师，您对第一次世界大战战争期间和战后时期的重大经济问题非常感兴趣。因此，我冒昧地提请您关注美国经济学会的工作。该学会是我国专业经济学家的代表性组织，但其成员包括越来越多从事商业和政府服务领域工作的男性。他们对更广泛的商业和经济问题颇感兴趣。

费雪的信中包括一份空白申请表和一张"一年会费支票"（5 美元），有了这些就足以成为美国经济学会的一员。艾维·莱德拜特·李（Ivy Ledbetter Lee）为身为美国经济学会的一员而感到骄傲。

来自商业阶层的新成员通常在学会里待不了多久，他们往往在一年后就会退出。更令人恼火的是，他们与招募者通信，表示自己要退出，招募者很生气，却还要请求他们说出退会的原因。国内外贸易局局长甚至在信中直言不讳："我无法对你们的期刊、会议产生兴趣。"

当然，还有一个微妙的问题：在一个越来越注重学术追求的学会中，美国经济学会能为非学术商业阶层提供些什么呢？这个问题以及商人对回报的预期问题一直困扰着杨格。这些问题在 1918 年伊拉斯塔斯·W. 伯克利（Erastus W. Bulkley）写给杨格的信件中不时出现，他亲自调查需要资金支持的委员会成员。针对杨格提出的通过捐款来负担"研究战时经济问题的各特别委员会的必要开支"的请求，伯克利写信表达了他的关切：

> 纵观这些会员，我发现它们几乎完全由不同学术机构的教授组成。虽然我不希望以任何方式贬低教授的工作，特别是经济学教授的工作，但在我看来，如果学会要取得发展，彰显其重要性，教授必须和商界人士进行密切合作。

伯克利也将这封信寄给了美国经济学会主席费雪，并收到一封措辞严谨的回信。费雪承认促进教授和商人之间的密切合作"确实不失为一个良策"，但费雪进而补充道：

> 我建议你写信给塞利格曼教授。他的协会与商界人士保持着密切联系。当货币购买力协会成立时，我建议他们招募一些商人成为会员，执行委员会应允了，他们给的理由是：每个商人都希望自己身边有一个专业经济学家。

伯克利给费雪的回复长达 3 页，开头有些犀利："我觉得美国经济学会的成员不仅包括学术经济学家，还包括不少商人。"他接着向费雪提出建立一个"可以得到适当资助的经济研究机构"的建议。伯克利坚信，建立这种微妙关系的责任可能会落在经济学家身上，便向费雪介绍了密歇根大学工商学教授爱德华·D. 琼斯（Edward D. Jones）。琼斯显然得到了伯克利和其他商界人士的欣赏和支持，他认识到"要想发展经济学就不能闭门造车"。伯克利认为在国家经济利益面前，没有比学术经济学家和商界人士之间的合作，以及增加对各种商业问题进行科学研究的设施更重要的主题了，他最后表示，"我没有遵从写信给塞利格曼教授的建议。我已经向您提出了这个普遍性问题，希望您作为美国经济学会主席，能给予其特别关注"。

几天后，也许是为了缓和局面，杨格再次来信，解释了为什么许多商人几乎没有时间从事学会的相关工作，而专业经济学家往往发现这项工作"与他们的职业密切相关"。伯克利回应说，杨格的观点"可能会引起相当大的争议"，并再次坚持认为，经济学家和商界人士会通过更广泛的合作获得很多好处。伯克利显然不相信自己已经成功说服了杨格，最后邀请杨格到纽约后找个时间和他"共进午餐"。目前尚不清楚杨格是否接受了伯克利的邀请，但伯克利显然无意就此罢休。几个月后伯克利写信给杨格，要求获得美国经济学会的章程、细则、成员名单，以及"迄今为止您所掌握的有关学会的目标、宗旨和成就等所有信息"。这场艰苦斗争的结果只是昙花一现，在1919年的成员名册上，伯克利被登记在册，但之后再无他的相关记录。

• 在一个以学术为主的学会中逐渐独立 •

伯克利和杨格之间的通信说明了美国经济学会中一个显著的潜在冲突——一个最终于 20 世纪 20 年代才基本解决的冲突。第二次成员招募活动的重点是招募商人，这引发了人们对美国经济学会未来性质的担忧。杨格也愈发忧虑，在 1915 年 11 月 15 日写给杜威的一封信中，他向杜威吐露心声：

> 我有这样一个想法，我们迟早会面临这样一个问题：我们想要创办一个怎样的学会。如你所知，我一直致力于培养一批人，以支撑一个严谨、专业、科学的学会。我不认为巴布森在招募商界人士方面的努力对我们有任何好处，因为他提名的人大多在学会里待不过一年。

1919 年，当学会正在讨论如何解决再次出现的财政赤字问题时，杨格明确了他的观点。在其担任秘书长时的一份报告中，他解释道：

> 增加会员人数是增加收入的一个显而易见的方法。但根据以往经验，令人遗憾的是，如果仅仅为扩大会员规模，将对研究经济问题倍感兴趣的那一部分人置于不顾，这的确得不偿失，我们定将后悔莫及。同样，如果不降低入会标准，我们是无法争取到更多会员的。但令人担忧的是，这无疑会削弱学会的影响力。因此学会的宗旨应该这

样来定义：我们的学会以学术为主，或者如果你愿意，它同时也是一个专业的学会。

1922 年第三次成员招募活动开始时，一种转变正在悄然发生。在该学会执行委员会投票决定推进合并的同一年，一个特别委员会成立了。弗雷德里克·希普·戴布勒（Frederick Shipp Deibler）担任该委员会主席，他表示特别委员会已将注意力转向"研究生和高年级学生、银行家、律师以及保留了图书馆或研究部门的商业协会。"重要的是，特别委员会对研究生和年轻教师十分关注，这表明那 10 年里女性似乎已经慢慢被接纳。"保留了图书馆或研究部门的商业学会"这一微妙变化也表明，成员个体不再单单指商人。

同时，一个由塞利格曼领导的财务特别委员会成立了。1919 年，该学会自 1911 年以来首次出现净额赤字。1919 年的净额赤字为 1688.48 美元。更糟糕的是，第二年净额赤字增长到 2367 美元。该特别委员会不仅呼吁通过增加成员以满足财政需要，还呼吁建立一个永久性捐赠基金会。在最后一次成员招募活动的前几年里，美国经济学会的财务需求是特别委员会成员最关心的问题，他们建议学会在财务上完全脱离商人为学会提供的长期财务支持。

在 1922 年的报告中，财务特别委员会确定了总计 1 万美元的捐款数额，帮助学会偿还债务和平衡预算。科茨称，30 位先生在设立捐赠基金会方面取得了实质性进展。1923 年 1 月，塞利格曼表示，"委员会认为应该尝试在 3 年内筹集一笔 5000 美元

这些女性成员是谁？她们是慈善家、活动家、学者，还是专家？在接下来的一章，我们将对这些成员进行研究，以更好地了解其背景以及女性成员的组成是如何随时间而变化的。

5

自发的支持

美国经济学会成立之初的成员名单不仅为我们了解入会男性和女性成员的特点提供了窗口，而且加深了我们对早期入会人员的了解，以及他们的背景是如何随时间的推移而变化的。从 1886 年到 1948 年，根据个人会员数据分析，当时成员总数约为 63331 人，其中男性 60017 人，女性 3314 人。在美国经济学会成立的前 63 年中，女性成员仅占其成员总数的一小部分——平均约占 5.2%。

美国经济学会的成员包括许多知名人士，包括伍德罗·威尔逊（Woodrow Wilson）、勒思德·汉德（Learned Hand）、本杰明·斯特朗（Benjamin Strong）、艾维·莱德拜特·李、安德鲁·卡内基、J. P. 摩根和拉尔夫·伊斯利（Ralph Easley），以及经济学家马歇尔、约翰·N. 凯恩斯（John N. Keynes）、里昂·瓦尔拉斯（Léon Walras）、埃奇沃思、凡勃伦、约翰·罗杰斯·康芒斯和凯恩斯。虽然一些女性改革者、慈善家和学者同样也是美国经济学会的成员，但是往往遭到忽视。这些女性成员是谁？她们是否拥有高学历？如果有，她们在哪些领域取得了高学历？她们是否在美国经济学会及其主期刊《美国经济评论》中担任领导职务？最后，随着时间的推移，女性成员的性质发生了怎样的变化？

• 选举权、奴隶制的废除与和平：
早期的学者活动家 •

夏洛特·帕金斯·吉尔曼的美国经济学会成员身份只维持了几年，但她在许多方面都代表着 19 世纪后半叶加入该学会的女性的特征。美国经济学会的早期成员中有许多著名的女性活动家和社会改革者，其成员数量远远超过了教授成员的数量。如我们所见，她们并不是被追捧或被鼓励加入的。这些身为会员的女性学者通常都致力于激进主义运动和改革，这一特点在学术领域之外的女性成员身上体现得尤为明显。

美国经济学会的第一次组织会议于 1885 年举行，只有韦尔斯利学院的凯瑟琳·科曼（Katharine Coman）教授这一名女性出席。1886 年，在成员名单被记录在案的第一年的档案中，182 名成员中有 7 名是女性，包括来自韦尔斯利学院的科曼（历史与经济学全职教授）和玛丽·爱丽丝·威尔考克斯（Mary Alice Willcox，动物学系教授）。曾在威斯康星大学和堪萨斯农业学院短暂任教的学者活动家海伦·斯图尔特·坎贝尔（Helen Stuart Campbell），被认为是家庭经济学运动的先驱；社会改革家约瑟芬·肖·洛厄尔（Josephine Shaw Lowell）是纽约消费者联盟的创始人，她们也是学会早期成员之一。

1886 年至 1899 年间，美国经济学会的成员数量不断增加，到 1899 年，成员总数从 182 人增加到 693 人（包括 117 名机构成员）。这一时期的 93 名女性成员当中有学者、改革家。除了科曼和威尔考克斯之外，还有一些学者，如索福尼斯巴·布雷肯里奇，她于 1888 年毕业于韦尔斯利学院，1895 年成为第一位被肯塔基州律师协会承认的女性，并于 1901 年获得芝加哥大学政治学和经济学博士学位；简·玛丽·班克罗夫特（Jane Marie Bancroft）于 1883 年从雪城大学获得欧洲历史博士学位，后来成立了西北大学女校友会，并担任西北大学女子学院院长；玛丽埃塔·凯斯（Marietta Kies）在密歇根大学获得哲学博士学位，但很难在学术界找到工作；科妮莉亚·玛丽亚·克拉普（Cornelia Maria Clapp）在蒙特霍利约克学院任教，并于 1896 年从芝加哥大学获得动物学博士学位；简·M. 斯洛库姆（Jane M. Slocum）拥有社会科学博士学位和法律学位；1898 年，海伦·佩奇·贝茨加入了美国经济学会，她是第一个成为该学会成员的经济学女博士。贝茨于 1896 年在威斯康星大学获得博士学位，并在加入赫尔宫协会之前在罗克福德学院任教。在美国经济学会成立的头 14 年里，总共有 8 名女性成员拥有博士学位（约占女性成员总数的 10%），但只有 1 名是经济学博士。

19 世纪的女性学者活动家还包括弗洛伦斯·凯利（Florence Kelley），她在苏黎世大学完成了经济学和社会科学的研究生工作，于 1894 年获得西北大学法学院的法律学位，并在赫尔宫协会与简·亚当斯（Jane Addams）共事。凯利以帮助创建全美有色人种协进会而闻名。卡丽·L. 查普曼（卡特）［Carrie L. Chapman（Catt）］积极参与选举权运动，曾担任全美妇女选举权协会主席，后来成立了女选民联盟。也许该学会最著名的成员是爱米莉·格林·巴尔奇（Emily Greene Balch），她于1896年起在韦尔斯利学院任教，并于1946年获得诺贝尔和平奖。巴尔奇是第二位获得诺贝尔和平奖的女性，在贫困、童工和移民等问题上，她成功地将学术与社会行动主义相结合。

• 坚韧不拔的忠实成员 •

1886年到1948年，美国经济学会共有1036名女性成员。在这段时间里，其中约27%的女性拥有博士学位，19%的女性拥有经济学博士学位。如表5.1所示，虽然在学会成立的前13年中，只有9%的女性成员拥有博士学位，但在20世纪，拥有博士学位的女性成员比例有所增加。在20世纪的第1个10年里，大约32%的女性成员拥有博士学位。1910年到1919年，拥有博士学位的女性成员约占女性成员总数的20%。在20世纪20年代和20世纪30年代，拥有博士学位的女性成员比例分别上升至37%和35%。20世纪40年代，拥有博士学位的女性成员比例平均下降到27%，战争年代下降得尤为显著。

表 5.1　1886 年至 1948 年美国经济学会女性成员

时间段	女性成员总数（名）	所有专业的博士		经济学专业的博士	
		人数（名）	占比（%）	人数（名）	占比（%）
1886 年至 1899 年	92	8	9	1	1
1900 年至 1909 年	38	12	32	7	18
1910 年至 1919 年	114	23	20	16	14
1920 年至 1929 年	161	59	37	42	26
1930 年至 1939 年	123	43	35	26	21
1940 年至 1948 年	508	139	27	108	21

资料来源｜美国经济学会成员数据取自《美国经济学会出版物》《美国经济学会手册》《经济研究补编》《美国经济学会公报》和《美国经济评论》中的成员名单。用于确定女性成员博士学位的来源是 ProQuest 数据库。

人们通常认为，女性成员会拥有经济学领域以外的博士学位。虽然 19 世纪只有 1 名女性美国经济学会成员拥有经济学博士学位，但在 20 世纪初，大多数拥有博士学位的女性成员都获得了经济学博士学位。在 20 世纪的第 1 个 10 年里，拥有经济学博士学位的女性成员比例为 18%。1910 年到 1919 年间，这一比例为 14%。20 世纪 20 年代，26% 的女性成员拥有经济学博士学位。20 世纪 30 年代，这一比例为 21%，并保持到 20 世纪 40 年代。

这些身为 20 世纪初美国经济学会成员的女性经济学家都是谁？她们是与美国经济学会只有短暂关系的成员，还是姓名会年年出现在学会成员名册上的忠实成员呢？

拥有经济学博士学位、美国经济学会成员资格时间最长的女性是萨拉·斯科维尔·惠特尔西（沃尔登）［Sarah Scovill

Whittelsey（Walden）]，其成员资格长达 22 年。惠特尔西于 1894 年毕业于拉德克利夫学院，于 1898 年在耶鲁大学获得博士学位，并于 1902 年开始在韦尔斯利学院教授经济学。在 1886 年至 1948 年间的 1036 名美国经济学会女性成员中，有 55 人拥有超过 10 年的成员资格。这些忠实成员中，约有一半是拥有经济学博士学位的女性。此外，一般女性成员的平均年限为 3 年，而拥有经济学博士学位的女性成员，其平均年限约为 5 年。

美国经济学会成员资格持续时间最长的女性是萨拉·詹姆斯·埃迪（Sarah James Eddy）。慈善家埃迪积极参与废奴运动和女权运动，其成员资格持续了 32 年。196 名女性拥有 5 年或 5 年以上的美国经济学会成员资格。这些"坚韧不拔的忠实成员"是谁？

将这些坚韧不拔的女性会员（拥有 5 年或 5 年以上成员资格的女性成员）划分为 5 类，并以 10 年为单位来研究其变化，这样我们就可以确定这些女性成员的背景及其是如何随时间推移而变化的。我们发现她们中的大部分人在政府，学术机构（包括大学、学院、师范学校和图书馆），赫尔宫协会，税收政策联盟和塞奇基金会等各类非营利性组织工作，只有少数人在营利性组织工作；而许多人，尤其是在早期，做的工作五花八门，她们当中有慈善家、活动家等。

如表 5.2 所示，1886 年至 1899 年，48% 的美国经济学会女性成员是活动家或慈善家。在此期间，没有女性成员在营利性组织工作。约 17% 的女性成员在非营利性组织工作，

26% 的女性成员是学者。

表 5.2　被归类为忠实成员的美国经济学会女性成员

时期	10 年内坚持者总数（名）	就业方向	人数（名）	占比（%）
1886 年至 1899 年	23	政府部门	2	9
		学术领域	6	26
		非营利机构	4	17
		营利机构	0	0
		慈善 / 其他	11	48
1900 年至 1909 年	38	政府部门	4	11
		学术领域	19	50
		非营利机构	5	13
		营利机构	0	0
		慈善 / 其他	10	26
1910 年至 1919 年	61	政府部门	6	10
		学术领域	35	57
		非营利机构	6	10
		营利机构	1	2
		慈善 / 其他	12	20
1920 年至 1929 年	103	政府部门	16	16
		学术领域	68	66
		非营利机构	3	39
		营利机构	2	2
		慈善 / 其他	13	13

时期	10 年内坚持者总数（名）	就业方向	人数（名）	占比（%）
1930 年至 1939 年	154	政府部门	32	21
		学术领域	98	64
		非营利机构	8	5
		营利机构	4	3
		慈善／其他	12	8
1940 年至 1948 年	135	政府部门	28	21
		学术领域	88	65
		非营利机构	6	4
		营利机构	3	2
		慈善／其他	10	7

资料来源 | 美国经济学会成员数据取自《美国经济学会出版物》、《美国经济学会手册》、《经济研究补编》、《美国经济学会公报》和《美国经济评论》中的成员名单。通过对报纸、讣告、教育机构记录、人口普查记录等历史文献，确定其就业履历信息。

注意 | 坚持者是具有 5 年或 5 年以上成员资格的成员。20 世纪第 2 个 10 年和 20 世纪 20 年代的一个成员由于缺乏信息而未编码。

20 世纪女性成员有所变化。1900 年到 1948 年间，每 10 年，拥有 5 年或 5 年以上成员资格的女性成员中活动家或慈善家的比例都在下降。20 世纪，这一比例每 10 年下降一次，从第 1 个 10 年的 26% 下降到 20 世纪第 2 个 10 年的 20%、20 世纪 20 年代的 13%，再下降到 20 世纪 30 年代的 8%，最后降至 20 世纪 40 年代的 7%。

相比之下，拥有 5 年或 5 年以上成员资格的女性主要被归类为"学术型"，其比例从 20 世纪第 1 个 10 年的 50% 增长到 20 世纪第 2 个 10 年的 57%、20 世纪 20 年代的 66%、20 世纪 30 年代的 64% 和 20 世纪 40 年代的 65%。

如表 5.3 所示，拥有经济学博士学位的女性忠实成员比例从 20 世纪第 1 个 10 年的 18% 增长到 20 世纪第 2 个 10 年的 30%、20 世纪 20 年代和 20 世纪 30 年代的 47%，再到 20 世纪 40 年代的 51%。很明显，美国经济学会正在成为一个吸引女性经济学家的专业组织，其中许多女性成员都拥有经济学博士学位。另外，拥有经济学博士学位的女性成员通常是美国经济学会的忠实成员。但问题仍然存在——这些拥有经济学博士学位的"坚韧不拔的忠实成员"是否能够与她们的男性同事一样平等地参与协会的活动？她们能够参加年会并加入《美国经济评论》的编委会吗？

表 5.3　拥有经济学博士学位的女性忠实成员

时期	经济学博士数量（名）	女性成员的总数（名）	拥有经济学博士学位的女性比例（%）
1900 年至 1909 年	7	38	18
1910 年至 1919 年	18	61	30
1920 年至 1929 年	48	103	47

时期	经济学博士数量（名）	女性成员的总数（名）	拥有经济学博士学位的女性比例（%）
1930 年至 1939 年	73	155	47
1940 年至 1948 年	69	135	51

资料来源　美国经济学会成员数据取自《美国经济学会出版物》、《美国经济学会手册》、《经济研究补编》、《美国经济学会公报》和《美国经济评论》中的成员名单。用于确定女性成员博士学位来源的是 ProQuest 数据库。

·持久性和排斥性·

当我们研究美国经济学会官员、执行委员会成员和董事会成员时，发现这是一个男性占绝对优势的体系，几乎没有证据表明女性曾参与其中。从 1885 年学会成立到 1948 年，美国经济学会的组织结构经历了几次变化。执行委员会最初由主席、副主席、部长和财务主管组成，直到 1894 年添设了出版委员会主席。1903 年，增添了 3 名成员，1904 年增添了 7 名前任主席。从 1906 年到 1919 年，所有前任主席都是执行委员会的成员，其中还有 6 名民选议员。1920 年，执行委员会更像是一个大会组织，前任主席人数减少到 3 人。

1933 年，官员的选拔变得更加民主，从在年会上对每个职位提名 1 人并进行投票，变为通过邮寄选票，由提名委员会选出候选人。从 1934 年起，执行委员会由 1 名主席、2 名副主席、1 名部长、1 名财务主管、1 名编审委员会主席、3 名前任主席和 6 名民选议员组成。1936 年，美国经济学会为董事会增添了法律顾问。1948 年一切尘埃落定后，执行委员会由主席、副主席、部长、财务主管、法律顾问、编辑、3 名前任主席和 6 名民选议员组成。

1886 年至 1948 年间，有 203 名男性担任美国经济学会官员，但担任官员的女性只有 5 名。在该学会的头 33 年中甚至没有女性官员。第一位女性官员是伊迪丝·阿伯特，1918 年她被任命为 3 名副主席之一，任期 1 年。次年，布林莫尔学院的苏珊·金斯伯里被任命为副主席，任期 1 年。1928 年，加州大学伯克利分校的杰西卡·佩克索托（Jessica Peixotto）被任命为副主席，但也只任职了 1 年。10 年后，瓦萨学院的梅布尔·纽科默（Mabel Newcomer）是第一个任期满 3 年的副主席（1938 年至 1940 年）。在 20 世纪 40 年代，伊芙琳·M. 伯恩斯（Eveline M. Burns）于 1945 年、1946 年和 1947 年当选为执行委员会成员，新上任者于 1947 年担任了为期 1 年的副主席。因此，1886 年到 1948 年，共有 5 名女性担任学会官员，大多数女性成员的任期为 1 年。相比之下，在此期间的 203 名男性官员的任期大多为 3 年。

当然，美国经济学会从其学术型成员中招募官员的能力是有限的，其财政部部长托马斯·尼克松·卡弗在 1911 年 4 月 14 日与达特茅斯学院的狄克逊教授的通信中指出，"我们几乎涵盖了学术领域，现在几乎所有的经济学教师都加入了该学会"。然而，有几位教师（许多人都拥有博士学位）在卡弗写信时还不是学会成员，如凯瑟琳·贝门特·戴维斯（Katharine Bement Davis，1900 年，芝加哥大学经济学博士），海伦·佩奇·贝茨（1896 年，威斯康星大学经济学博士），弗洛伦斯·伊丽莎白·沃森（1890 年，波士顿大学政治经济学博士），玛丽·格雷厄姆（1895 年，耶鲁大学经济学博士）等。

与此同时，美国经济学会抵制了可能吸引一些更具传统观念的女性的举措。例如，西奥多·B. 坎宁安（Theodora B. Cunningham）与格特鲁德·邦宁（Gertrude Bonnin）一起帮助相关人员成立了美国印第安人全国委员会；在 1910 年 7 月的信中，代表美国女性笔友联盟的弗吉尼亚·金·弗莱（Virginia King Frye）写道，建议《美国经济评论》添加一个《女性家庭经济学系》专栏，这对忙碌又聪明的家庭妇女来说，就像《经济评论》对她那善于思考的丈夫一样。她们建议，本部分可以描述"各州女性俱乐部联合会在家庭经济学方面所做的工作"。

美国女性笔友联盟是 1897 年由华盛顿哥伦比亚特区的记者组织的一个文学俱乐部。据报道，到 1898 年，该联盟"从缅因州到得克萨斯州，从纽约州到加利福尼亚州"已有 50 多名成员，她们可能与美国经济学会中的女性成员有一些共同点。与美国经济学会成立之初一样，该联盟也是一个有地方分支的会员组织——到 1921 年，该联盟在全国共有 35 个地方分支。对于那些没有机构背景，但能撰写与女性和公共政策相关文章的女性来说，这些组织可能很有吸引力。然而，只有一个组织致力于为才思敏捷的女性提供用武之地。

目前尚不清楚杜威就坎宁安和弗莱提出的问题征询了多少人的意见。科茨认为，有证据表明"杜威显然没有认真考虑坎宁安的建议，即他应该增设《女性家庭经济学系》专栏"。不管怎样，杜威的简短回答都是坚决的。"对于您在7月29日提出的《美国经济评论》是否有可能增设一个《女性家庭经济学系》专栏这个问题，我很遗憾地告诉您，我们没有足够的版面。"

当然，主要是根据杜威的意见（编审委员会的意见只占一小部分）制定政策并确定哪些内容值得纳入《美国经济评论》的宝贵版面。在担任《美国经济评论》编辑的近30年中，杜威与58名编审委员会的成员共事过，他们帮助杜威确定文章是否值得发表——该过程中的决定影响了无数教师的职业生涯。在杜威对《美国经济评论》编辑的详细记录中，他按姓名（男性只用姓名首字母，女性全名）、机构和任期年份揭示了是否值得发表的重要标准。第二张表通过编辑所在的地理区域表明了地（区）域代表制的重要性。鉴于对东海岸密谋控制该学会的指控频繁且棘手，这种地域多样性就显得尤为重要。

值得一提的是，在杜威担任编辑期间，只有两名女性经济学家在《美国经济评论》的编审委员会任职——蒙特霍利约克学院的阿尔扎达·康斯托克（Alzada Comstock）（1937年至1939年）和瓦萨学院的梅布尔·纽科默（1940年）。换言之，直到 20 世纪 30 年代末，女性才在《美国经济评论》编审委员会任职，且数量仅占编审委员会总人数的 3.5%。杜威担任编辑期间，125 人中只有 3 名女性。当经济学家、历史学家迈克尔·A. 伯恩斯坦（Michael A. Bernstein）指出"杜威一次又一次地向编审委员会征求关于文章主题和潜在作者的建议"时，我们必须认识到，他收到的都是男性的建议。

• 追求地位与管辖权争议 •

女性与美国经济学会的历史并不只是忽视招募女性成员这么简单，其官员甚至都没有认识到女性在领导岗位上的重要性。它同时暴露了这样一个问题，追求地位的专业人士是如何避开其天然的支持者的，尤其是职务超出教授的人群——这些人凭借其在处理经济问题上的实际经验，比起美国经济学会积极拉拢入会的商业人士来说，在很多方面都有入会的优势。参与慈善和改革活动的女性似乎是多萝西·罗斯所说的社会科学的"天然支持者"。然而，由于她们是女性，不论是在社交还是其他方面，她们都不被视为科学家。在追求科学事业地位的职业中，女性被视为一种威胁。因此，在世纪之交，社会科学是女性学者的禁区。

在 19 世纪的高等教育转型中，经济学这门学科是独一无二的，因为与其他领域不同，它的"赌注"特别高。经济学家对垄断、移民劳动力和经济萧条的观点具有重大现实意义。经济学的专业化伴随着管辖权争议——群体之间关于边界的争议，即决定谁可以从事这个专业的工作以及工作内容是什么。美国经济学会早期的女性成员历史使我们能够更清楚地了解性别在学术知识体系专业化过程中的作用。

这些管辖权争议始于通过确定博士学位的专业领域来划分学术劳动，这设定了一个难以协商的职业轨迹，尤其是对女性而言。虽然美国经济学会的大多数创会成员都拥有历史学博士学位，但随着经济学逐渐发展成为独立的学科，经济学家开始主张经济学与社会学等其他领域分离。政教分离（更不用说对伊利等愚蠢的经济学家的批判）需要明确经济学科学性的学科界限。如托马斯·尼克松·卡弗所说："经济学家更愿意坚持经济学家的主题。（人们）尤其应该质疑，（该）学会的成员是否会轻易找到与简·亚当斯女士或费利克斯·阿德勒（Felix Adler）先生讨论的共同点，这些人令人钦佩，他们的工作也很有价值。（人们）应该担心，用同一种语言思考会有困难。"

如美国经济学会档案中"1900 年至 1914 年剪贴簿：年会计划剪报"所示，经济学家对社会学日益增长的蔑视引人注目。在一篇题为《社会学家对自身地位的怨言：代表们称男性并未将其视为训练有素的专家》的文章中，美国社会学学会的成员哀叹身为社会学家的他们没有得到应得的尊重，他们被认为通过说一些常人无法理解的话来证明自己的存在，提出的解决方案可能在高中阶段就已被引入社会学。这些管辖权争议反映了社会学家对提升他们专业地位的渴望，因为他们抱怨自己没有得到应得的尊重。

管辖权争议的增加对女性产生了无可争辩的影响。越来越多的女性拥有了适用于劳动关系学、教育学、家政学以及社会学的博士学位。然而，这并不影响早期的男性学者成为经济学领域的专业人士，例如在约翰斯·霍普金斯大学获得历史学博士学位的经济学家杜威和在威斯康星大学获得社会学博士学位的杨格。女性经济学家就没有这么幸运了，但也有少数例外：加州大学伯克利分校的政治学博士杰西卡·布兰奇·佩克索托（Jessica Blanche Peixotto）于1928年担任美国经济学会副主席；苏珊·金斯伯里，1919年任美国经济学会副主席，她持有哥伦比亚大学历史学博士学位；内布拉斯加州立大学的米妮·斯洛普·英格兰（Minnie Throop England）的博士学位与宗教有关，尽管她的教学课程和出版物都是关于商业周期和危机的；美国劳工统计局的多萝西·斯塔尔·布雷迪（Dorothy Stahl Brady）是一位消费与储蓄分析师，虽然她拥有的是非经济学博士学位，但这并不妨碍经济学家接受她，因为这是在数学领域。经济学的"数学滥用"在几十年内没有受到广泛批评，那些早年的数学学者是进入经济学领域时并没有受阻的少数群体之一。

• 正确看待女性和美国经济学会 •

职业历史学家忽视了性别和对职业地位的追求对专业学会的行动和优先权的影响程度。像美国经济学会这样的学会在试图扩大其成员数量的同时，忽视甚至有时回避了那些可以带来更多女性成员的倡议。这些学会的行动和优先权表明，追求地位的行为可能会在无意中以复杂方式限制女性的成员资格。尽管有证据表明，女性经济学家很少受邀加入美国经济学会，但还有更大的力量在以更根本的方式阻止女性加入美国经济学会。

学术劳动的划分使得拥有社会科学学位的女性易受排斥，并成为本体论争议的牺牲品。弗吉尼亚·瓦利安所称的"性别图式"的重大影响，使得美国经济学会早期的学术经济学家将拥有经济学博士学位的女性定性为社会学家，将拥有社会学和历史学博士学位的男性定性为经济学家，且并没有引起人们对这种差异的关注。总而言之，专业化的推动与性别相互作用，往往通过排斥同源领域具有学位的女性学者，而承认、接受同源领域具有学位的男性学者，从而削弱女性学者的地位。

这种对美国经济学会女性成员的研究发现了早年加入美国经济学会的那些出类拔萃的女性个体。她们是积极分子——其中许多人在推动变革方面颇有影响力。她们也是学者，近1/3的女性成员拥有博士学位，其中大多数是经济学博士。

在1036名女性成员中，许多人被我们称为"坚韧不拔的忠实成员"，她们的成员身份长达5年或5年以上。然而，她们却很少能进入美国经济学会的领导层。在明显表现出坚韧的同时，她们也经历了被排斥。

在下一章中，我们将研究这些女性参与"文字交易"，即图书交易的能力，以及缺乏学术机构背景和地位会在多大程度上影响她们就关乎自身的重要问题发声的机会。

6

文字交易：性别与专著

1898 年，夏洛特·帕金斯·吉尔曼所著的《经济学女性》（*Women in Economics*）一书的出版标志着一场重大变革，她的作品同时涉及非虚构领域和虚构领域。《经济学女性》一经出版就大获成功，这使得吉尔曼成为焦点人物，一些历史学家将她誉为妇女运动中的"马克思和凡勃伦"，并将她列为 20 世纪初先进批判性社会思想家之一。

这本书在很多方面都成功引起了人们的关注，这不仅是因为吉尔曼的教育是反常的、有限的，还因为她自己 11 年前的处境。1887 年，吉尔曼向著名医生、"静养法"的先驱 S. 威尔·米切尔（S. Weir Mitchell）寻求建议。

米切尔给出的建议相当直接："一天只能进行 2 小时的智力活动，有生之年不要再碰钢笔、画笔或铅笔。"在治疗期间，吉尔曼接受了米切尔的建议，但最终她还是拒绝了这种生活方式，并以非凡的文学成就而闻名。吉尔曼开始以智力活动为中心去生活。正如她后来所说，"一个人最重要的职责就是找到自己的使命，并予以实践"。

吉尔曼体现了 19 世纪末 20 世纪初女性作家所经历的许多转变。19 世纪 80 年代之前，美国的出版业无疑是一种"绅士的消遣"，保持着许多人所说的"俱乐部式的基调"。不过19世纪80年代至20世纪40年代，美国出版业发生了重大变化——不仅向政见不同的团体开放，还允许日益多样化的发声。从20世纪第2个10年到20世纪20年代，詹姆斯·L. W. 维斯特（James L. W. West）指出，具有犹太背景的人开始慢慢主导出版业。如维斯特所说："许多著名的出版商，不论是不是犹太人，都并非来自普林斯顿大学、哈佛大学或耶鲁大学，而是来自哥伦比亚大学。"这或许会让很少被视为大学教师的女作家受益，因为那些拥有博士学位的女作家更有可能从哥伦比亚大学获得学位。

虽然出版业正在发生变化，但美国的高等教育反映出，人们在推动专业化的同时，越发强调生产。正如弗雷德里克·鲁道夫所说，"你读的每本书、每一篇文章都是你成功路上的一块基石"。19世纪80年代和19世纪90年代，新创大学致力于扶持这些新专家——在新创大学中，学术等级就是竞争动力。越来越多的新学术期刊和学术出版社提供现成的统计数据，任何一个爱好数字并对惹人厌的区别对待感兴趣的人都可以随时查阅。

当各种机构入会人数与日俱增，但却一如既往地没有女性的身影时，她们在这门沉闷的学科中该如何进行"文字交易"？与同期进入出版业的男性同行相比，女性是否缺乏高学历？这是否限制了她们在图书交易中的发言权？当她们出版图书时，女性成为合著者是否受到限制？女性与他人合著时，通常是和自己的配偶或同事一起吗？最后，随着学术期刊的扩张，她们的专著是如何被公开评论的？那些安居于神圣学术殿堂一隅的人是否接受女性的发声？即使是拥有高等学位的女性的声音？为了找到这些问题的答案，我们从 1908 年至 1910 年的《经济公报》（*The Economic Bulletin*）和 1911 年至 1948 年的《美国经济评论》中找到新书作者的信息，以研究女性在经济学领域出版业中的作用。

• 经济学中关于性别和图书交易的新证据 •

学术期刊出现于 19 世纪后期，作为一个学科成员之间交流的工具，它日益成为教授展示其作为专业人士（知识的生产者和传播者）的能力的一种方式。《经济学季刊》（1886 年）是美国第一份以经济学为主题的英文期刊，由哈佛大学创办并管理。《经济学季刊》深受哈佛大学的影响，自创刊起到 1948 年，其编审委员会成员全部为哈佛大学的教职工。1892 年的《政治经济学期刊》（*The Journal of Political Economy*）创办于芝加哥大学，并与其保持着紧密联系。从成立到 1948 年，《政治经济学期刊》的所有编辑都是芝加哥大学的教职工。

1885 年美国经济学会成立时，创办了一份名为《美国经济学会出版物》（1886）的刊物，主要刊登专著及学会材料，包括章程、成员名单、会议记录和年会计划，以及博士论文清单（分已完成和正在进行两类）。1908 年，它被《经济公报》取代，《经济公报》以刊登书评和已发表的政治经济学博士论文清单为特色，将美国经济学会材料和一些专著留给了成立时间不长的《美国经济学会季刊》（1908年至1910年）。

将代表专业性的专著与期刊文章联系起来的一个重要桥梁是，由《经济公报》《美国经济评论》发布新书清单，然后在这些出版物上发表书评。新书清单告诉我们很多关于早年在经济学出版物中发表文章的作者的性别分布情况。

1908年到1948年，《经济公报》和《美国经济评论》中列出的作者共有36956人。我们在对这些作者进行研究后发现，其中女性占比很小，约92%是男性作者，约8%是女性作者。进一步研究发现，40年来（1908年至1948年）女性作者的比例有所增加，1908年到1917年女性作者的比例为5.9%，1918年到1927年为6.4%，1928年到1937年为7.9%，1938年到1948年为9.4%。

通过列出的所有女性作者和随机抽样的男性作者来研究这一时期发布的新书列表，我们可以发现一些细节。通过调研合著者的性别，我们可以研究那些拥有非经济学博士学位的人及拥有经济学博士学位的人，以及有关合著的各个方面。

研究样本包括2809名女性作者和2809名男性作者。我们从观察样本的总体描述性特征开始，对40年间（1908年至1917年、1918年至1927年、1928年至1937年和1938年至1948年）的样本进行研究，以更好地确定作者背景身份的变化。研究以独特的视角展示了早期经济学学科中关于女性和出版业的信息。

· 性别差异概览 ·

我们从样本中发现，1908 年到 1948 年，经济学新书清单中列出的大多数作者都没有博士学位，平均而言，在任何领域拥有博士学位的男性作者都多于女性作者。在这一时期，约 34% 的书由拥有博士学位的男性作者撰写，约 24% 的书由拥有博士学位的女性作者撰写。此外，拥有博士学位的男性作者和女性作者越来越多，他们所著的书也日益增多。在第 1 个 10 年（1908 年至 1917 年），拥有博士学位的男性作者所著的书只占所有书的 21%，拥有博士学位的女性作者所著的书只占所有书的 13%。在第 4 个 10 年（1938 年至 1948 年），拥有博士学位的男性作者所著的书约占所有书的 43%，拥有博士学位的女性作者所著的书占所有书的 27%。

更有趣的是，拥有经济学博士学位的作者所著的书较为流行。拥有经济学博士学位的男性作者所著的书与拥有经济学博士学位的女性作者所著的书比例不相上下。平均而言，在此期间，拥有经济学博士学位的男性作者所著的书占比为 15%，拥有经济学博士学位的女性作者所著的书占比为 14%。同时，拥有经济学博士学位的作者所著的书的比例呈增长态势。在第 1 个 10 年（1908 年至 1917 年），拥有经济学博士学位的男性作者所著的书占比近 7%，拥有经济学博士学位的女性作者所著的书占比为 6%。到了第 4 个 10 年（1938 年至 1948 年），拥有博士学位的男性作者所著的书占比为 20%，拥有博士学位的女性作者所著的书占比为 17%。两者间存在惊人的相似性。

• 合著与图书交易 •

在此期间，围绕合著有许多有趣的问题。人们想知道，男性作者和女性作者之间的合著率是否相似。出版业的压力是何时产生并激励合著书和期刊文章创作的？如果一个人要跟人合著一本书，那么他会选择与同性合著还是与异性合著？换句话说，经济学中男性的广泛性和女性的稀缺性是否影响了合著模式？当女性与男性合著时，她们与这些男性是否具有婚姻或其他家庭关系？

我们在研究合著在经济学图书交易中的流行程度时发现，大多数作者并不会与他人合著。在这一时期，男性作者的合著书只占比 22%，而女性作者合著书的占比更高，为 30%。此外，数据显示，男性作者和女性作者合著的比例会随着时间的推移而上升，男性作者合著的比例之后略高于女性作者。初期，男性作者合著书的比例为 10%，40 年后，这一比例上升到 28%；而女性作者在这一时期合著书的比例为 20%，40 年后，女性作者合著书的比例为 36%。

由于合著率随时间推移而上升，因此研究随时间推移而上升的合著模式是有益的。我们了解到，在 1918 年至 1927 年、1928 年至 1937 年间，男女合著率的上升尤其明显，男性的合著率从 15% 上升到 24%，上升了约 9 个百分点，而女性的合著率从 21% 上升到 34%，上升了约 13 个百分点。

研究 20 世纪前 40 年（1908 年至 1948 年）合著的模式时可以发现合著中体现着性别隔离。女性所著的书大多数是与男性合著的。具体来说，约 59% 的书是男女合著的，41% 的书是女性作者与同性合著的。

这与男性的合著模式形成了鲜明对比。样本中的男性所著的书约 91% 都是与其他男性合著的。对于女性来说，同性合著的发生率要低得多，并且随着时间的推移而下降。在研究的头 10 年中，大约 56% 的书是由女性作者和女性合著者所写。到这 40 年结束时，女性作者所著的书中只有大约 39% 是与其他女性合著的。显然在这个领域中，少数群体的身份限制了她们与同性合著的机会。此外，女性缺少获得学术职位的机会，这降低了她们发展可以带来合著机会的工作关系的可能性。

因为女性作家在学术环境中很少有机会与男性同行交流，所以我们想知道女性与其亲属合作的情况。这一时期合著的有几对夫妇，例如比阿特丽丝（Beatrice）和西德尼·韦伯（Sidney Webb）、玛丽（Mary）和查尔斯·比尔德（Charles Beard）、格拉迪斯（Gladys）和罗伊·布莱克（Roy Blakey）、乌苏拉（Ursula）和约翰·希克斯（John Hicks），以及卡罗琳·威尔（Caroline Ware）和格迪纳·米恩斯（Gardiner Means）。

当我们深究男女合著书的流行情况时，我们发现在男女合著的这 499 本书中，约 126 本是由女性合著者与其近亲合著的——122 本与丈夫合著，3 本与父亲合著，1 本与兄弟合著。也就是说，女性约 25% 的书是与其丈夫合著完成的。虽然大多数女性没有与丈夫合著，但还是有相当比例的女性是这么做的。进一步观察这些女性合著者，我们发现约 10% 的少数人拥有博士学位。相比之下，约 46% 与妻子合著的男性拥有博士学位。因此，在合著的夫妻中，丈夫拥有博士学位的情况更为常见。

• 合著模式 •

以下分析提供了关于 1908 年至 1948 年这 40 年间有关合著模式和合著者性别的详细信息。通过《经济公报》和《美国经济评论》"新书清单"显示的数据，我们得以研究无任何领域的博士学位，或者拥有经济学博士学位对男性和女性各自成为合著者的可能性的影响，以及研究拥有任何领域的博士学位或经济学博士学位对同性合著的影响。这将有助于我们理解女性为了获得经济学博士学位付出的努力是否能让她们在自己的领域内和男性合著。同样，对男女结果之间的差异进行研究，能让我们发现男女之间在这些方面是否存在统计学上的显著差异。

研究结果表明，在第 1 个 10 年（1908 年至 1917 年）中，大约 11% 没有博士学位的男性作者有可能成为合著者。研究女性作者时则发现，21% 没有博士学位的女性作者更有可能成为合著者。因此得以发现，男性作者和女性作者之间，在无博士学位的情况下成为合著者的概率存在统计学上的显著差异。

研究结果还表明，拥有经济学以外领域博士学位的男性作者成为合著者的可能性，比没有博士学位的男性作者低7.5%。同时，经济学博士学位对合著没有显著影响。也就是说，拥有经济学博士学位的男性作者与没有博士学位的男性作者，或与拥有经济学以外领域博士学位的男性作者相比来说不太可能成为合著者。

对于女性作者来说，拥有经济学以外领域的博士学位的女性作者合著的可能性比没有博士学位的女性作者低了15%。相反，拥有经济学博士学位确实会以积极的方式影响女性合著的可能性。拥有经济学博士学位的女性作者成为合著者的可能性比拥有其他领域博士学位的女性作者高25%。同样，拥有经济学博士学位的女性作者成为合著者的可能性比没有博士学位的女性作者高出约9%。与男性相比，对于女性而言，拥有经济学博士学位似乎会给她们带来更多合著的机会，合著是女性在经济学领域取得进步的重要手段。在20世纪的头10年中，虽然没有博士学位的女性合著者的比例几乎是男性的2倍，但拥有经济学以外领域的博士学位降低了所有作者成为合著者的可能性，不过对于女性而言，经济学博士学位却增加了其成为合著者的可能性。

在第2个10年（1918年至1927年），我们发现在没有博士学位的男性作者中，约有16%的人可能成为合著者。相比之下，在任何领域都没有博士学位的女性中，约有22%的人可能成为合著者。此外，研究结果还表明，在没有博士学位的情况下，男性和女性成为合著者的概率存在统计学上的显著差异。因此女性成为合著者的可能性比男性高出 6%。

在第 1 个 10 年中，拥有经济学以外领域的博士学位降低了男性合著的可能性，而在第 2 个 10 年则不然。拥有任何领域的博士学位，包括经济学博士学位，都不会改变女性或男性作者成为合著者的可能性。

在 20 世纪 30 年代左右的大部分时间里（1928 年至 1937 年），没有博士学位的男性和女性成为合著者的可能性在持续增加。结果表明，在没有博士学位的男性作者中，有 26% 的人是合著者。同样的模式也适用于女性作者，在没有博士学位的女性作者中，有 35% 的人可能是合著者。因此，男性作者和女性作者之间，在无博士学位的情况下成为合著者的概率存在统计学上的显著差异。

当我们研究拥有博士学位对合著的影响时，对 20 世纪 30 年代的分析结果表明，拥有经济学以外领域的博士学位并不影响男性作者成为合著者的可能性。同时，拥有经济学博士学位的男性作者与没有博士学位的男性作者相比，合著的可能性要低 10%。这表明，拥有经济学博士学位为男性带来了一定程度的独立性，从而降低了他们合著的可能性。对于女性来说，在这 10 年中，拥有博士学位并没有改变其成为合著者的可能性。

最后，在第 4 个 10 年（1938 年至 1948 年），数据显示，没有博士学位的男性作者中约有 29% 的人可能会成为合著者。在这 10 年期间没有博士学位的女性作者中，有 39% 的人可能成为合著者。而且，男性作者和女性作者之间，在无博士学位的情况下成为合著者的概率存在统计学上的显著差异。

在 20 世纪 40 年代的大部分时间里，研究结果表明，拥有博士学位对男性合著没有影响。然而，在出版之前或出版之际，拥有其他领域博士学位的女性作者与没有博士学位的女性作者相比，合著的可能性降低了 16%。但在 20 世纪 40 年代，对于女性而言，拥有经济学博士学位并没有改变其合著的可能性。这与 20 世纪第 1 个 10 年形成鲜明对比，当时拥有经济学博士学位增加了女性合著的可能性。

通过研究第 4 个 10 年中男性作者和女性作者之间的其他差异，我们发现，拥有经济学以外领域博士学位的男性作者和女性作者成为合著者的概率在统计学上存在显著差异。结果表明，拥有经济学以外领域博士学位的女性与具有相同程度学历的男性相比，成为合著者的可能性要低 12%。在下一节研究合著者的性别时，我们发现了有趣的结果，表明了女性在男性主导的 STEM 领域出版刊物时所受到的限制。

• 合作：同性合著 •

当代关于经济学中合著模式的研究倾向于关注期刊文章，而非书的作者。当代研究表明，女性往往比男性更经常以单一作者的身份发表文章，而对合著者的选择也不分性别。具体来说，与男性相比，女性更有可能与其他女性合著文章。男女作者的具体人数会打破合著性别的随机组合，这与实际上合著者的性别组合相比，结果如何？

如果我们假设样本中的所有男性作者都随机选择合著者，且考虑到所有女性作者的比例，那么他们选择女性合著者的概率为9%。反之，女性也有9%的机会选择女性作者作为合著者。如果我们观察样本中合著者的实际比例会发现，在1908年至1948年间，男性作者与女性作者合著的比例与其身份成正比（9%），而大约41%的女性合著者是同性，约59%的女性与男性合著。从这个角度来看，女性在专业环境中缺乏与男性交流，这可能限制了她们与男性合著的机会，并倾向于与同性合著。以这些总体概率为基准，我们可以研究拥有博士学位对合著作者的影响，以及合著作者在多大程度上产生了性别隔离的研究团队。

1908年至1917年关于合著者性别的研究结果表明，94%没有博士学位的男性作者与其他男性作者合著。这与没有博士学位的女性作者与同性合著的可能性形成了对比。在同一时期，约55%没有博士学位的女性作者与其他女性作者合著。结果还表明，没有博士学位的男性作者和女性作者，在与同性合著方面存在统计学上的显著差异。

在1908年至1917年期间，我们发现女性作者与同性合著的可能性要比男性作者低39%。换句话说，合著者往往是同性，对男性来说更是如此。这一结果表明，女性在经济学领域中缺乏代表性，使得能与同性合著的女性数量受到限制。

当我们研究男性作者与同性合著的情况时发现，在1908

年到 1917 年间，拥有经济学以外领域的博士学位对与同性合著的可能性没有显著影响。而拥有经济学以外领域博士学位的女性作者与没有博士学位的女性作者相比，与同性合著的可能性减少了 55%。研究发现，在不同领域拥有博士学位的男性和女性与同性合著的可能性在统计学上存在显著差异。拥有经济学以外领域博士学位的女性与拥有其他领域博士学位的男性相比，与同性合著的可能性要低 61%。

更有趣的是在第 1 个 10 年获得经济学博士学位对同性合著的影响。我们发现，拥有经济学博士学位的女性作者与拥有其他领域博士学位的女性作者相比，与其他女性作者合著的可能性要高 83%，与没有博士学位的女性作者相比，与其他女性作者合著的可能性要高 29%。通过研究拥有经济学博士学位的男性和女性与同性合著的可能性之间的差异，我们发现男性作者和女性作者拥有同性合著者的可能性有所不同。具体来说，拥有经济学博士学位的女性作者拥有同性合著者的可能性比拥有经济学博士学位的男性作者高 17%。

研究第 2 个 10 年（1918 年至 1927 年）时，我们发现 94% 没有博士学位的男性合著者可能与其他男性合著。相比之下，只有 51% 没有博士学位的女性合著者可能与其他女性合著。此外，男性作者和女性作者之间与同性合著的可能性在统计学上存在显著差异。

尽管在此期间，拥有任何领域的博士学位都不会影响男性与同性合著的可能性，但拥有经济学以外领域博士学位的女性合著者与其他女性合著的概率比没有博士学位的女性低

41%。与前 10 年相比，在 20 世纪 20 年代大部分的时间中，拥有经济学博士学位并不影响女性合著者的性别。在研究在经济学以外领域拥有博士学位的男性作者和女性作者与没有博士学位的作者在和同性合著方面的可能性差异时，我们发现男性和女性各自成为同性合著者的可能性存在明显差异。

1928 年至 1937 年，我们发现没有博士学位的男性作者很有可能与其他男性再次合著。同样，94% 没有博士学位的男性作者与其他男性作者合著，拥有博士学位对同性合著没有影响。相比之下，只有 37% 没有博士学位的女性可能与其他女性合著。拥有同性合著者的可能性差异具有显著的统计学意义。随着时间的推移，这些变化表明，在 20 世纪的前 30 年，没有博士学位的女性与同性合著的发生率每 10 年都会下降。与男性一样，在 20 世纪 30 年代大部分的时间里，拥有博士学位并没有改变女性成为同性合著者的可能性。

最后，我们发现在 1938 年到 1948 年这段时间里，男性很可能与其他男性再次进行合著。92% 没有博士学位的男性可能与其他男性合著，而越来越多的女性与女性合著。也许是第二次世界大战的原因，研究并未发现没有博士学位的女性与同性合著的可能性下降，40% 没有博士学位的女性可能与其他女性合著，这一比例相较于前 10 年的 37% 有所上升。我们发现，在没有博士学位的男性和女性之间，同性合著的可能性差异在统计学上具有显著意义。

至于拥有博士学位对同性合著的影响，结果表明，拥有经济学以外领域博士学位的男性作者与男性合著的可能性，比没有博士学位的男性作者低 19%。同样，拥有不同领域博士学位的女性作者与没有博士学位的女性作者相比，拥有同性合著者的可能性要低 20%。

在这一时期，是否拥有经济学博士学位对男性和女性各自与同性合著产生了影响。结果显示，拥有经济学博士学位的男性作者与没有博士学位的男性作者相比，拥有同性合著者的可能性要低 5%。相比之下，拥有经济学博士学位的女性作者与没有博士学位的女性作者相比，拥有同性合著者的可能性要高出 1%。将拥有经济学博士学位的作者与拥有其他领域博士学位的作者进行比较时发现，拥有经济学博士学位的男性与其他男性合著的可能性比拥有其他领域博士学位的男性高出约 15%。拥有经济学博士学位的女性与女性合著的可能性比拥有其他领域博士学位的女性高出 20%。

• 战争对合著的影响 •

为总结我们对《经济公报》和《美国经济评论》中所列新书作者的分析，我们研究了第一次世界大战和第二次世界大战对研究结果产生的影响。战争对合著和合著者的性别有什么影响（如果有的话）？与和平年代相比，战争是减少还是增多了合著？战争是否导致了男性与同性合著的减少？在战争期间，男性与女性合著的可能性是大是小？

第一次世界大战对第 2 个 10 年的影响的研究结果表明，战争对跟谁合著的可能性没有统计学上的显著影响。战争年代，那些拥有经济学以外领域博士学位或经济学博士学位的人的合著率没有显著变化。

相比之下，美国在第二次世界大战期间的大规模参战行为确实影响了男性的合著率。结果表明，与1938年至1948年的和平年代相比，拥有经济学以外领域博士学位的男性作者在战争期间成为合著者的可能性降低了16%，因此他们成为独立作者的可能性升高了16%。事实上，在和平年代，无论有没有博士学位，男性作者合著写书的比例约为29%。

相较而言，对于20世纪40年代出版新书的女性作家来说，没有证据表明在第二次世界大战期间，与这10年的其他年份相比，她们的合著情况与拥有博士学位之间的关系有所不同。据统计，无论她们是否拥有博士学位，约43%的女性作者是合著者。

在研究第二次世界大战期间同性合著的情况时发现，对于男性合著者来说，其合著者也是男性的概率约为90%。此外，拥有经济学以外领域博士学位的男性合著者与没有博士学位的男性相比，拥有同性合著者的可能性要低17%。结果显示，没有证据表明第二次世界大战对合著者的性别和博士学位对男性或女性的影响之间的关系有任何影响。

• 正确看待女性、经济学和专著 •

之前针对经济学专业早期的性别与图书出版的关系的研究很少。通过研究1908年至1948年《经济公报》和《美国经济评论》上列出的新书清单，我们对女性和沉闷科学中进行的"文字交易"有了新的见解。我们发现在此期间，女性作者新书的比例平均为8%，而男性作者的新书占比为92%。女性作者在经济学出版中扮演着越来越重要的角色，在作者中的占比从第1个10年的5.9%上升到20世纪40年代的9.4%。

另外，大多数作者都没有博士学位。拥有任何领域博士学位的男性多于女性。虽然大多数作者没有博士学位，但拥有博士学位的作者比例随着时间的推移而增加。最有意思的是，我们发现拥有经济学博士学位的男女作者比例非常相似，女性约占14%，男性约占15%。这表明，拥有经济学博士学位的女性在积极地参与知识的创造和传播。可能是因为所属机构的关系，学历较低（没有经济学博士学位或其他领域博士学位）的男性在这段时间内仍然成功出版了图书。

值得注意的是，虽然大多数作者没有与人合著，但女性选择合著的人数要比男性多。这与现代研究在分析期刊文章中的性别与合著情况时的发现不同。然而，合著的性别差异可能反映了那个时代的优先事项和学术文化。所选研究的时期恰恰是出版压力刚刚开始的时候。在这种环境下，为了提高发行量，合著者仍然面临不小的压力。独立出版是有学术地位的人可以行使的特权。相比之下，女性往往缺乏学会背景，因此很可能将合著视为建立学术联系和地位的一种机制。

了解合著者的性别对于更加深入地了解合著率的性别差异很有帮助。研究结果显示，女性更有可能选择与男性合著而不是与女性合著。相比之下，男性更有可能与其他男性合著。事实上，在研究的整整 40 年里，他们在 90% 以上的时间都是这样做的。至于女性，她们日益倾向与男性合著。这意味着什么？绝大多数男性与其他男性合著这一事实似乎反映了男性在多数大学的学术职位上处于垄断地位，以及男性与同性合著者接触的便利性。男性越来越倾向与他人合著（主要是与其他男性合著），出版的压力也越来越大。

至于女性，由于缺乏与机构的长期联系以及不了解这种联系的特点，因此她们在合著方面似乎并没有反映出出版的压力。值得注意的是，与男性合著的女性作家中，有相当大比例的女性是与近亲合著的。结果表明，在与男性合著的女性作者中，有 25% 是与近亲（通常是丈夫）合著的。这些女性通常没有博士学位，而且由于已婚，她们通常无法进入学术界。

相反，在不可能有正式学术关系的情况下，女性合著似乎代表一种进入专业领域的手段。在这样一个环境中，女性只是政治经济学家中的一小部分，并且缺乏机构支持，合著可能是其进入职业关系网的途径之一。

7

《美国经济评论》创刊号中的问题：
专著与综述

露西尔·伊夫斯（Lucile Eaves）在许多方面都是进步年代女学者的典型代表。和许多最终获得高级学位的女性一样，她的父亲受过良好的教育——德国海德堡的一名律师，曾在耶鲁大学求学。随着女性新机会的出现，她得以进入高等教育领域。她于1891年进入斯坦福大学学习，并于1894年以优异成绩毕业。她在高中任教几年后，于1898年在成立不久的芝加哥大学攻读硕士学位，与索福尼斯巴·布雷肯里奇、弗朗西斯·爱丽丝·凯勒（Frances Alice Kellor）和马瑞恩·塔波特（Marion Talbot）等未来学者和活动家一起，师从约翰·杜威（John Dewey）和阿尔比恩·斯莫尔（Albion Small）。后来伊夫斯回到斯坦福大学担任历史教师，与爱德华·A. 罗斯、乔治·E. 霍华德（George E. Howard）和玛丽·罗伯茨·史密斯等著名学者一起工作。

然而，伊夫斯发现自己陷入了争议之中。1901年罗斯（美国经济学会前部长）被斯坦福大学开除后，8名斯坦福教职工被迫离职或辞职以示抗议，她便是其中一员，也是唯一一名女性。罗斯在表达对银币的自由铸造、劳工组织和市政公共事业所有权的观点时，冒犯了斯坦福大学的知名联合创始人。其结果就是后来这一事件被称为美国学术历史中最著名的言论自由测试之一。

离开斯坦福大学后，伊夫斯无奈地从事社会工作，成为旧金山南公园社区的管理员。和许多女性一样，伊夫斯希望走的道路是男性主导的道路，在学术界立足，而欢迎她的道路是以女性为主的，在社区扎根的道路。通过这项工作，伊夫斯与劳工建立了重要联系。她与旧金山劳工委员会密切合作，在那里，对于种族关系在劳工运动中的作用，她形成了自己的观点。1905年，当她回到哥伦比亚大学攻读硕士学位时，这些观点为她的论文奠定了基础。

在研究生期间，伊夫斯申请并获得了加州大学伯克利分校（1907年至1908年）的研究员资格。与此同时，伯克利也面临着越来越大的压力。这一机构主要由慈善家和大学董事菲比·阿佩森·赫斯特（Phoebe Apperson Hearst）创设，他支持并鼓励雇用女性。1909年，伊夫斯与以前在斯坦福大学的同事罗斯和霍华德重聚，他们现在就职于内布拉斯加大学。1910年，伊夫斯从哥伦比亚大学获得劳动关系博士学位后，在内布拉斯加大学担任实践社会学副教授直到1915年。伊夫斯继续与加州大学伯克利分校保持联系，并于1913年参与了它的暑期课程和研究讲座。伊夫斯还在加州大学伯克利分校教授一门关于劳工组织的课程和一门关于基本经济理论的课程。

伊夫斯所著的关于劳动关系方面的博士论文经由美国加州大学出版社扩充后，作为一本题为《加利福尼亚州劳动立法史》的专著出版，并发表于《美国经济评论》创刊号。这就是"麻烦"的开始。

• 评论者和评论 •

艾拉·布朗·克罗斯（Ira Brown Cross）生于 1880 年，1905 年在威斯康星大学获得学士学位，1906 年获得硕士学位。他师从伊利和康芒斯。在康芒斯的帮助下，克罗斯被推荐给阿林·杨格，跟随杨格从威斯康星大学来到斯坦福大学。1906 年至 1910 年，杨格在斯坦福大学担任经济学和社会学系主任，克罗斯在旧金山攻读劳工问题博士学位。1908 年，在斯坦福大学另一部门成员哈里·阿尔文·米利斯（Harry Alvin Millis）的帮助下，克罗斯成为美国移民委员会的特别代理人，为米利斯工作，收集加利福尼亚州与种族和劳工有关的信息。1909 年获得博士学位后，克罗斯继续留在斯坦福大学教授有关劳工、移民、慈善和惩戒的课程，直到 1914 年他前往加州大学伯克利分校接替去往哥伦比亚大学的韦斯利·克莱尔·米切尔（Wesley Clair Mitchell，后来的美国国家经济研究局创始人）的职位。两年后，克罗斯晋升为正教授。

对伊夫斯的书进行评论的想法，以及让克罗斯成为评论者的可能性似乎源自米利斯，由 E.W. 凯默尔（E.W. Kemmer）引导。凯默尔是《经济公报》的编辑，也是杜威担任《美国经济评论》编辑时的导师。1910 年 11 月 14 日米利斯在给凯默尔的信中写道：

我不知道你是否注意到了伊夫斯小姐的著作《加利福尼亚州劳动立法史》，这本书很值得《经济公报》进行评论。我建议，如果这本书没有被分配给其他人评论的话，斯坦福大学的克罗斯博士将是很好的人选。克罗斯博士一直致力于研究太平洋沿岸工联主义的历史，对这些领域的整体情况非常熟悉。这本书里有几件事应该核对一下，以免被读者误认为是事实。

第二周，凯默尔回复了米利斯，并同意将这封信转交给杜威考虑。几天后，杜威写信给阿林·杨格（当时正在哈佛大学访问的斯坦福大学教授），邀请他到麻省理工学院共进午餐，并表示："我希望有人能对伊夫斯小姐的著作《加利福尼亚州劳动立法史》进行评论，并将写信询问斯坦福大学的克罗斯博士是否有能力胜任这一工作。但很遗憾，以我对克罗斯博士的了解不足以作出判断。"杨格于 1910 年 11 月 28 日回复道：

斯坦福大学的克罗斯博士是我认识的所有人当中最有资格来评论伊夫斯小姐专著的人。他独立查阅了有关伊夫斯小姐的大部分资料，并将其与他自己即将出版的《加州劳工运动史》联系起来。根据我所知的克罗斯对伊夫斯小姐作品的态度，我建议，你最好能告诉他，你既想了解这本专著的优点，也想了解它的局限性，这样就能避免他对你进行无情且刻薄的评论。此外，你最好对评论的长度设定明确的限制。

几天后，杜威向克罗斯约稿，请他写一篇评论。尽管杜威设定了 600 字的字数限制，但他最终未能"防止一篇无情且刻薄的评论出现"。这篇评论共有 5 段。前 2 段描述了作品的总体需求和涵盖的主题。第 3 段以两句赞美开头："作品的大部分内容作者都完成得十分出色。她充分诠释了主题，并将所收集的大量有价值的数据以合乎逻辑、井然有序的方式呈现了出来。"克罗斯话锋一转，"然而，她的手稿中还是出现了错误，如果对资料来源进行更仔细的研究，她是能发现这些错误的。"克罗斯列出了 6 个他所认为的错误，以及 6 个他认为相关信息被遗漏的地方。他与伊夫斯的分歧集中在旧金山劳工运动中的政客身上。克罗斯接着说，"这些类似的错误，还有在需要进行更详细、准确地描述的地方，经常出现的出奇笼统的陈述，导致人们质疑她许多观点和主张的准确性……在篇幅允许的情况下，还能举出许多其他遗漏的例子，这些例子有时会让读者感到困惑"。在这篇评论中，克罗斯补充道："我很遗憾篇幅有限，不能进行更透彻全面的批评。"

13 天后，杜威写信给克罗斯，表示杨格曾建议邀请他为《美国经济评论》撰写文章，"比如说，一篇关于加州合作运动的 2000 字的评论"，并指出如果这篇文章能刊登在第 1 期中，就会立即发表。最终，这篇文章发表在 1911 年 9 月的第 3 期《美国经济评论》上。

• 不公的抨击 •

在 1911 年 3 月第 1 期《美国经济评论》出版后，伊夫斯于 1911 年 5 月 19 日给杜威写了一封长达 5 页的信，呼吁大家注意克罗斯这"不公的抨击"，要求《美国经济评论》提供足够的篇幅让自己进行反驳，并哀叹《美国经济评论》第 1 期居然公开了这种偏见。杜威 3 天后回复了伊夫斯：

> 我刚刚收到您 5 月 19 日的来信，非常抱歉克罗斯的评论给您带来的困扰或不快。我读后认为这是一篇好评论。在我看来，其中有些批评相当琐碎，但这表明评论者在这一领域进行了研究，使得他有理由证明自己的判断，这当然要归功于你……我相信不论是在评论中还是通信中，克罗斯博士都没有任何抨击你的意思。你应该看看我收到的一些评论！

第二天，杜威附上了一份经过编辑的申诉书，写信给伊夫斯：

> 通过重新阅读克罗斯先生的评论，我最初的印象得到了证实。你的文章太长了，我觉得如果你能像附件中所示的那样进行修改，效果会好得多。如果这还不能令人满意，请立刻作出改变，但请记住，我们必须节省篇幅。

与此同时，伊夫斯联系了乔治·E.霍华德、法兰克·A.菲特和亨利·法南（Henry Farnam），希望他们支持她与杜威的谈判。菲特（1912年美国经济学会主席）因罗斯事件与伊夫斯一起辞职离开斯坦福大学，他于1911年5月写信给杜威。菲特表示，他是伊夫斯在斯坦福大学的老朋友，"对这位评论者认为有必要提出的批评的性质感到惊讶"，并补充说，"应该给受批评的人一个回应的机会"，特别是在"经济学界存在分歧的问题上"。相比之下，法南（对伊夫斯的论文进行过全面指导，《美国经济评论》编委会的成员）同时写信告诉杜威，他认为伊夫斯"过于敏感"。

几天后，杨格写信给杜威，谈到"克罗斯与伊夫斯之争"，认为克罗斯的一些批评是一文不值和"不着边际"的，并表示尽管克罗斯一直与伊夫斯在同一领域工作，但他"没能像伊夫斯小姐那样出色地完成工作"。虽然指出克罗斯"有失分寸"，但杨格提出了两点来证明克罗斯评论的正确性。根据杨格的说法，"在太平洋沿岸，劳工运动一直是公众关注的焦点，过去的许多劳工领袖仍然是家喻户晓的英雄。因此，对我来说，精准记录他们的活动似乎并不重要——至少在伊夫斯小姐这本细致入微的书里是如此"。此外，杨格在结束语中还描述了克罗斯："顽皮可爱、充满热情、非常敏感。"

最后，杜威在法南的支持下，要求伊夫斯改用自己编辑过的回复信。但伊夫斯没有被说服，她在回信中写道：

你的来信并未说服我不再进一步关注克罗斯的评论。

评论者几行赞美之词并不能抵消一页或更多所谓错误和遗漏的印象，之后还断言书中有更多此类错误。虽然应该考虑到评论者阅历不足且缺乏经验，但这种明显的粗心和失实陈述必须予以纠正。

在菲特和杜威都希望事情结束的情况下，菲特与伊夫斯、杜威达成了协议。6月，菲特写信给杜威，"您（杜威）润色过的简短回复信，无论是对伊夫斯小姐还是杂志来说，都比原版要好"。但并非所有参与者都这么认为。伊夫斯寄给了杜威她修改过的文章，并发表在了9月的期刊上。这篇文章对克罗斯的观点逐一进行了反驳，礼貌又坚定地证明了"这些批评立不住脚，而且存在错误性质"。

• 困扰编辑的烦恼 •

克罗斯没有收到伊夫斯先前版本的回复，他在1911年9月19日写给杜威的信中爆料：

> 非常遗憾的是，不知何故，在伊夫斯小姐的回复函发表在9月期刊上之前，您没有给我机会回复她。如果有此机会的话，我相信这封信就不会有发表的机会了。印刷两位不知名人士的辩论属实是浪费期刊宝贵的篇幅。我想请您印刷一下随附在评论中的内容，因为您发表了伊夫斯小姐的回复信，使得读者觉得我的批评是没有道

理的。以我的能力来讲，我最初对她的书评算是"温和的"。

信中还附有克罗斯的 4 页回信，杜威很快给克罗斯回信解释了自己的处境。他透露，伊夫斯和"她的朋友"都写信给他，要求发表伊夫斯的文章。更有趣的是，杜威承认，"我发现有人怀疑我以伊夫斯小姐是女性为由拒绝发表她的回复信"。杜威自信地表示，他并不是从她的态度中得出这一结论的，但"我一想到这是事实，就即刻开始发表她的回复函，没有一丝犹豫"。

杜威于 1911 年 10 月 13 日写信告知伊夫斯："随信附上克罗斯教授给您的回信。我们将发表这封信，但我认为在评论中为相关问题留出更多篇幅是不可取的。不过，我真的很高兴您立即发表了评论，因为我们不希望成为不公正的一方。"杜威马上收到了伊夫斯的回复，不过，他是否真的很高兴，那就很难说了。伊夫斯写道：

> 我无比坚定地认为，如果您发表克罗斯博士的答复却不允许我作出回应，那将是对我极大的不公。首先，您提议给他的篇幅是您给我的两倍。其次，他在许多地方都闪烁其词。

在接下来的几天里，伊夫斯又给杜威写了 4 封信。1911 年 10 月 22 日，她写道：

随函所附的回信似乎有点令人生畏，但我不知道还有什么别的办法能使您相信克罗斯先生的回应是不准确的。我一直觉得，您认为克罗斯先生对这门学科的了解一定比我更透彻。事实上，他是一位年轻的教师，没有资格获得您授予他的教授头衔……我不理解为何克罗斯先生在他的回信中无视历史的准确性……不敢相信您的正义感会允许您在不准我作出回应的情况下，发表克罗斯先生这个非常不准确的回应……如果您想通过对立法期刊的个人考核来确定这一陈述的真实性，我会把它们寄给您……如果在公众面前传播错误的篇幅还是比您允许我作出回应的篇幅要大，那么这样做只会更加不公平。现在，我很乐意接受杜威博士您诚恳的批评，但我仍打算与这种不公作最后的斗争。幸运的是，我有许多身为国内重要经济学家的好朋友，他们满腹经纶，足以了解这本书的真正内容。我保留了一份我的反驳信，如果您发表了克罗斯先生的回应还拒绝我作出回应，我会想办法向您的读者充分展示我的观点。我希望我们能放下这件事，因为我还有更重要的工作要做，不想再为此事伤神了。也许您对此也有同样的感受，正尽力做到公正。最后，请允许我对受到困扰的编辑表示同情。

杜威立即回信，建议伊夫斯和克罗斯通信以进行更多讨论，并补充道：

我想你误解了克罗斯先生的初衷。他的评论当然不是为了削减你应得的荣誉。我仍然认为他最初的评论是出于好意，从我所了解到的情况来看，我们的读者也是这样认为的。目前你的回应让他心怀戒备。

在 1911 年 11 月 1 日给杜威的信中，伊夫斯同意将自己的信件寄给克罗斯，并以一种温和的语调写道，她"对于像克罗斯那样的男人，心理过程竟然如此幼稚而感到惊讶"。提到自己对未来欧洲劳动立法工作的看法时，伊夫斯表示"如果有机会，我希望你挑选一位严肃的学者来评论。然后我将向你展示我是多么能接受合理的批评"。

第二天，杜威写信给克罗斯："经编委会考虑，认为在 12 月的期刊上发表你的'回复'是不明智的。从我与伊夫斯小姐进一步的交流来看，她似乎对证据的有效性与你有很大的分歧。我掌握了大量相关的材料，如果条件允许，您该看一看。"他又安慰道，"编辑们似乎普遍认为，伊夫斯小姐的回应并未让您在学术界名誉扫地。这只是证据方面的意见分歧"。不清楚杜威是否咨询过编委会或杨格以外的任何人，他再次哀怨地写信给杨格，表达了他希望双方"通过私人通信达成谅解"的愿望。

1911 年 11 月 17 日，杨格写给杜威的信被视为克罗斯与伊夫斯之争的最后转折：

在我看来，就克罗斯的利益而言，他最好就此作罢。

同时，我认为，如果他希望自己坚持只作事实陈述（在大部分情况下，他似乎倾向于这样做），并坚持己见，那么评论也无法否认他所享有的特权。我同意伊夫斯小姐关于他的观点不成熟的说法。但这些问题似乎主要是事实问题，对此我无法发表意见。按照现在的情况，克罗斯可能会宣称，由于未向他提供伊夫斯小姐的信件，并拒绝给予他类似的特权，使得这篇评论无意中将他置于不利的处境。我给他的建议（我已经写信给他）仅仅是基于这样一个观点，即争论的要点相当琐碎，进一步反驳对他而言弊大于利。这似乎是他自己的决定。我希望他能收回他的答复。

克罗斯显然是受到了杨格的提点，很快就写信给杜威，收回了自己之前的答复，并对自己发表评论引起的麻烦表示抱歉。他接着说：

当然，我喜欢争论，但我意识到这会使你陷入困境。我渴望为相关三方尽可能轻松、无痛苦地解决这件事，我所提出的任何建议或我所想到的，都不如随函附上的便条那样妥善地处理了这件事。这是你和我的一位好朋友提出的一个想法，至少在我看来，这件事处理得很好。随函附上的说明不允许伊夫斯小姐作出回复；这也没有让读者认为我对她的书写了一篇不负责且极不准确的评论。我唯一的反对意见是它提到了我即将出版的那本书。

克罗斯在信中还写道：

> 伊夫斯女士在 1911 年 9 月的评论中所提出的事实问
> 题，涉及我对她 1911 年 6 月出版的专著《加利福尼亚州
> 劳动立法史》的部分评论。由于读者可能对大多数问题
> 不感兴趣，请允许我指明，如果我的评论不是基于对加
> 利福尼亚州劳工历史的研究，包括报纸和文件，并辅以
> 对该州劳工运动中杰出人物的个人采访，我是不会冒险
> 指出伊夫斯小姐工作中的具体错误的。为了证明我在上
> 述评论中所作的陈述，我只好在此向读者推荐我即将出
> 版的关于"加州劳动史"的专著。

1911 年 12 月 7 日，杜威写信给克罗斯，"衷心感谢您（克
罗斯）在 11 月 29 日的来信中提供的令人满意的解决方案。
不知您是否会反对我签署一份包括您所说的大部分内容的声
明？这样您就不用发表任何个人声明了。如果可行，我会提
前寄一份草稿给您"。不久后，杜威收到了杨格的来信，称他
曾与克罗斯通信，并建议克罗斯向杜威寄一份简短声明，向
读者介绍他即将出版的专著，并表示"我知道他已经这么做
了"。这场争论以 1912 年的《美国经济评论》告终：

> 在 1911 年 9 月《美国经济评论》的第 587 页，伊
> 夫斯女士就克罗斯先生对其专著《加利福尼亚州劳动立
> 法史》的部分评论提出了一些事实问题。克罗斯先生的

评论是基于对加利福尼亚州劳工历史的研究的，包括报纸和文件，并辅以对该州劳工运动中杰出人物的个人采访，因此其评论是公正的。对这一特殊领域感兴趣的读者，将有机会一睹克罗斯先生在其即将发表的关于加利福尼亚州劳工史的专著中提出的冲突证据。值得祝贺的是，加利福尼亚州获得了两项与经济史这一分支相关的具体专题研究的荣誉。——总编辑

讽刺的是，克罗斯的专著《加利福尼亚州劳工运动史》直到1935年才出版。这本他称为"即将出版"的书是他第一次被杨格推荐为评论者的部分原因。据推测，克罗斯搁置《加利福尼亚州劳工运动史》的出版，是因为他在忙于1912年出版的关于社会主义本质的一本小书，但不清楚他为什么花了这么长时间才完成这部作品。即使在25年后，克罗斯对伊夫斯的批评仍在继续——这一次批评被隐藏在脚注中。在《加利福尼亚州劳工运动史》中，克罗斯提及了伊夫斯12次，2次予以赞美，1次持中立态度，其余则称伊夫斯的论文"不准确"，引用的事实是"错误的"。在坚称自己是该主题的专家的同时，又不失礼貌，是克罗斯的典型表现。他在第6章的注释中写道，伊夫斯的作品"不偏不倚，是对该主题最令人满意的简要处理，尽管其中包含一些错误"。

• 玩弄——评论的主要功能 •

在《美国经济评论》创刊前的几年里，在一流期刊上发表的书评在经济学界中引发了强烈关注。1908年的一次事件引发了大量书信往来，起因是一位作者出版的书受到了不公平的抨击，受害者采取行动，表达自己对"政治中有效力量"的担忧。结果发现赫伯特·达文波特（Herbert Davenport）、弗兰克·菲特、凡勃伦、欧文·费雪、乔治·K.霍姆斯（George K. Holmes）和杜威之间书信往来频繁。

达文波特的《价值与分配》（*Value and Distribution*）于1908年出版，同年6月由阿尔文·S.约翰逊（Alvin S. Johnson）在《政治经济学期刊》上发表评论。在长达6页的评论中，约翰逊抨击了达文波特的观点，"一个忽视很多差异的观点是否能发现任何具有实际意义的真理，是个重要的问题"。约翰逊在最后一段中说，"如果篇幅允许，现在我想指出这本书的诸多优点"。他唯一善意的评论是："在评论家看来，近年来出版的书中，很少有书能比这本书更具研究意义。"

这篇文采斐然又一针见血的书评似乎促使达文波特与几位著名经济学家产生了联系。第一个回复的是费雪，他在给达文波特的信中提出了以下犀利的问题。费雪的开场白是"我赞成你的观点"。他接着说：

我想如果我们3个人，或者尽可能多的人，能做些什么来影响评论界的风气，那将是件了不起的事情。问题是教授和政治家的人性是一样的。每个人都试图找出自己的"内在"是什么。从这一立场出发的评论者，与其说是为公众服务，或是为作者伸张正义，不如说是在自吹自擂。因此，他们的初衷是向读者表明，他们比作者更了解这个主题——然而事实通常并非如此。

杜威（尚未担任《美国经济评论》的编辑）写信给菲特（1901 年至 1906 年美国经济学会的财务主管），表达了对"目前非常糟糕和令人绝望的经济评论标准"的高度关注。杜威在关于该话题的 6 页信中问道，"一份虚构而成的出版物，难道不是体现评论家的利己主义和我们的愚蠢的例子吗？"谈到希望尽量减少人身攻击时，杜威指出，"一些重视自己意见的评论家发表的毫无根据的评论，无论是赞成还是反对，都只是空谈而已"。对于书评的阴暗面，杜威直言："这类评论纯粹是吹捧和骗局，水准沦落到与发布公告似的……有威望的人，尤其是领导部门的负责人或是政界的实力派，必须掌握词汇表中所有感情色彩重的单词。敌意是严肃批评的唯一结果；如果不能说些亲切友好的话，那就最好什么也别说。欺诈成为评论的主要功能。"

杜威本人被卷入"克罗斯与伊夫斯之争"时也提出了同样的问题（但没有试图躲避克罗斯凶猛的攻势），这是个值得反思的原因。事实上，在 1911 年 1 月，就米切尔对厄尔·迪恩·霍华德（Earl Dean Howard）的书评的问题，杜威曾与凯默尔（当时《经济公报》的编辑）进行了沟通，该书评也发表在《经济公报》的创刊号上。凯默尔回答说："我建议（如有坚持的必要）剔除个性，并删除那些显然是毫无理由又无足轻重的批评。"

1908 年至 1910 年，杜威花费精力设计了补救措施，以解决达文波特的书受到不公抨击所引发的问题——如建议重要的书应有多个评论者，以及采纳凡勃伦的建议：为了获得合格的评论，向评论者支付报酬。人们不禁会想到杜威对这位 1941 年上任的新任主编的"忠告"。他提出了 4 条建议，其中一条是"每期至少发表一篇会引起作者反感的评论。没有什么比争议更令人兴奋的了。争议不正是民主这个备受争议的主题的本质吗？"

在过往的《美国经济评论》中，科茨称，"在学会历史中，没有一个主题比书评和评论出版物更具争议"。他接着说，"一般来说，评论比文章会给杜威带来更多的麻烦"。的确如此，杜威在担任编辑的头 5 年里曾两次受到法律诉讼的威胁。在一个涉及一名女作家和一名女性评论家的事件中，科茨讲述了夏洛特·莫利纽斯·霍洛韦（Charlotte Molyneux Holloway）是如何威胁要对埃米莉·路易斯·威尔斯（Emilie Louise Wells）所称的"温和的批判性评论"提起诉讼的。在这篇评论中，威尔斯声称，"如果不是以观察到的事实作为基础，那么归纳在很大程度上是毫无价值的，评论也会写得非常糟糕"。编审委员会的赫伯特·米利斯（Herbert Millis）再次敦促杜威促成霍洛韦的顾问与威尔斯达成调解。米利斯建议招募耶鲁大学的欧文·费雪，因为"他与霍洛韦小姐的顾问之间的对话会很有意义。很可能会花些钱以平息这个事件"。

• 观点上的争议 •

在经济学专业早期，一本专著的出版，它是否被评论以及如何被评论，是一个重要的里程碑，这标志着一个人的专业接受度。世纪之交是学术机构、学科和部门激增的时期，进而催生了越来越多的学术期刊。一篇发表在新兴期刊上的专著评论是女性向更广泛的受众分享其学术成果的少数选择之一。一个人的作品如何被接纳，是男性作者和女性作者都非常感兴趣的问题，对于那些希望以知识生产者的身份进入高等学校的女性来说尤其如此。

克罗斯与伊夫斯之争并不涉及一名在该行业拥有权威地位的女性。相反，涉及的是两位刚刚获得博士学位的相对不知名的学者。美国经济学会档案馆的书信揭示了人际圈的重要性，而在这方面，男性占有优势。由于卷入了斯坦福大学关于言论自由的丑闻，伊夫斯与有影响力的美国经济学会成员建立了友谊——其中两人在争议期间担任过学会主席。尽管如此，这些书信透露出来他们对克罗斯的职业生涯和声誉的关注要多于伊夫斯。

克罗斯还与其中几位当事人建立了职业关系。他最初是在同属一个院系的米利斯教授的推荐下成为评论员的，杜威向克罗斯的导师杨格确认。私下里，杨格认为克罗斯的批评是"相当浅薄"和"不切实际"的，并表示克罗斯"有失分寸"。在私人通信中，菲特和杜威认为克罗斯的评论是"立不住脚"的。尽管如此，在《美国经济评论》发表了克罗斯的原版评论和伊夫斯的详细回应后，杜威最终决定发表克罗斯的进一步回复，给克罗斯吹毛求疵的机会。即使在最后杜威署名的无关痛痒的段落中似乎也更注重克罗斯的利益。毕竟，本段的主题是为了表达对评论者公平待遇的关注。此外，杜威还提到了克罗斯"即将出版"（实际上在 25 年后出版）的书的重要性，并含蓄地推荐了这部作品，同时掩盖了评论可能会因评论者借机宣传自己的作品而受到影响的事实。

虽然一篇书评所引发的争议不太可能对伊夫斯与克罗斯的职业生涯产生重大影响，但这一事件促使我们在明确学科界限时考虑另一种常见模式：男性更有可能进入经济学领域，而女性更有可能选择社会学或从事社会工作。毕竟，伊夫斯与克罗斯在很多方面都很专业，他们的学位和论文主题相似，获得经济学博士学位的时间也只相差一年。伊夫斯与克罗斯对我们理解加利福尼亚州的劳工运动都作出了重要贡献，他们的观点在之后关于劳工和移民的研究工作中仍继续被引用。然而，是伊夫斯而不是克罗斯为劳动史提供了知识基础，劳动史要求的是对阶级和种族相互作用的透彻理解，而不是对领导阶层的描述。虽然克罗斯的研究更多依赖于详细的传记记录，但伊夫斯的研究融合了种族关系和经济关系的社会变化，这在当时是独树一帜的。此外，伊夫斯研究劳动立法演变所采用的方法被后来的劳动历史学家视为"自下而上看的历史学"。

最终，克罗斯于1914年在加州大学获得了经济学教师的头衔和职位，当时距他完成博士论文仅过去了5年。2年后，他被提拔为正教授。作为一名出色的教师，克罗斯在经济学家生涯中最终获得了威斯康星大学和加州大学伯克利分校的荣誉博士学位。相比之下，伊夫斯在内布拉斯加州立大学和西蒙斯大学从事的是社会学或社会工作。她后来的期刊文章和评论更多发表在《美国社会学期刊》、《美国劳动立法评论》、《社会学和社会研究》或《社会力量》上，而非经济学期刊。《美国经济评论》评论了伊夫斯最后出版的一本书——关于女性在商业和专业领域中的收入。《美国经济评论》的编辑杜威在发表这篇评论时表示，他认为伊夫斯对佛蒙特州布拉特尔伯勒市工薪女性的调查是"经济学文献的一部分"。

多萝西·罗斯指出，这一时期的女学者，尤其是那些参与慈善和改革活动的女学者，是社会科学的"天然支持者"，但在系统持续排斥她们的领域，女性还是会被边缘化。因此，难怪像伊夫斯这样的女性经济学家，尤其是那些工作涉及多个学科的女性，会发现自己的职业生涯如此艰辛，获得的认可也有限。由于权力和性别交织在一起，使女性处于不利地位，因此只有学科中的权威作者不太可能受到犀利或不公的抨击。

杜威将这一事件称为"克罗斯与伊夫斯之争"——1911年11月13日写给阿林·杨格的一封信给他带来了"无尽的麻烦"。这场争议揭示了评论者和被评论者之间引人注目的互动，那个时代的学术行为标准和惯例，以及学术生活中男女待遇的不同。随着学科界限的明确，经济学成为一门更为独特的学科。这场争议还表现出学会作为"守门人"的强大影响力，以及作为学术成就证明的期刊文章，其地位日益提高，并以评论的形式侵扰着女性作家的生活。

8

性别、校友关系网和学术期刊

艾莲若·蓝辛·杜勒斯在 26 岁的时候还没有工作，于是她决定攻读经济学博士学位。她以前在布林莫尔学院学习产业管理，没有经济学背景。为了弥补这一缺陷，她前往伦敦政治经济学院学习。用她的话来说，"那里的思想境界很高，学生之间几乎不存在竞争。"

在伦敦待了 14 个月后，杜勒斯决定申请拉德克利夫学院的博士学位。正如她后来所说，她所在的班里有 30 名男生和 6 名女生，授课的是哈佛大学的教师。在选择论文题目时，她有两个标准：第一，指导老师要擅长启发性教学；第二，能在法国工作。

杜勒斯选择与阿林·杨格合作，她后来称其是"一位完美的老师"，"观点从未被固化"。然而，弗兰克·菲特放弃了杨格的货币银行学课程，因为杨格说"他不认为自己所写的一切是绝对正确的"。菲特解释说，他"不想花一个学期去了解一个不知道自己信仰什么的人的想法"。1926 年 6 月，杜勒斯成功地完成了论文答辩。回到法国后她将自己的论文写成了书。

令杜勒斯没有想到的是，哥伦比亚大学的罗伯特·默里·海格和密苏里大学的詹姆斯·哈维·罗杰斯两位教授会来访。杜勒斯表示，海格非常清楚地说明了他们这次来访的原因："你拿着一小笔补助金在这独自工作，研究法国通货膨胀的性质。罗杰斯教授正在与我们团队合作，我们可以做更透彻的研究进而完成工作。希望你能把笔记交给我们，我们会继续你的工作，并将其作为我们综合项目的部分研究成果。"或许是为了表示安慰，海格还说："我相信杨格教授会同意的。"

然而杨格似乎对此举并不赞成，并告诫杜勒斯"坚持己见"，别让他们以任何方式改变你的计划。因此杜勒斯并未分享自己的研究笔记，并于1929年将其发表在《法国法郎》上。

· 学术期刊的兴起 ·

随着经济学逐步发展成为一门独立学科，以及美国各地高等教育机构的兴起，学者在生产和传播知识方面获得地位的进程也加快了。大学获得地位的途径之一是在各个领域聘用专职专家。只要在一个人的名字后面加上"博士"二字，就能轻而易举地体现出"专家"称谓。这使得教师们的压力越来越大，他们需要通过获得博士学位来证明自己的能力。在职教师，也只能通过获得荣誉博士学位这一捷径来寻求认可。19世纪70年代至80年代兴起的荣誉博士学位，注定会受到美国教育局、学术团体和专业组织"联手谴责虚假博士"

的打压。这一捷径在 1890 年达到顶峰，之后便急剧减少。

与此同时，各机构致力于建立一个框架——助力教师成为知识生产者。方法是建立一个职业等级制度，包括三个级别的终身教职人员任命，设立一个负责这种职业等级制度的部门机构，并以出版物的形式衡量其地位或产出。19 世纪末的大学出版社，如约翰斯·霍普金斯大学出版社（成立于 1878 年）、宾夕法尼亚大学出版社（成立于 1890 年）、芝加哥大学出版社（成立于 1891 年）、加利福尼亚大学出版社（成立于 1893 年）、西北大学出版社（成立于 1893 年）和哥伦比亚大学出版社（成立于 1893 年），便是以这样的机制运行的，学者们发表大量的论文和其他学术成果，与此同时，也创建新的学术期刊。

大学校长们越来越清楚自己的首要任务不是教学，而是如何有效利用教师的时间。正如弗雷德里克·鲁道夫所言，"虽然你可能成为一名优秀的教师，通过有效的教学可能会让无数学生找回自我、严于律己，但学校还需要其他东西，学校要以研究为基础，重复研究进而促进研究"。

高校这种寻求地位的做法需要庞大的管理机构。以前的大学校长把管理教师作为自己职责的一部分，而现在越来越多的学院要求各院系尽可能地参与教师管理。与此同时，19世纪 80 年代末至 90 年代初，经济学系教师与大学校长和董事之间出现了一些小冲突，导致校长与教师产生了分歧，并引起了公众对此不必要的关注。总之，院校的学术专业化对校长和部分教师是有好处的。

高等教育的专业化最终导致教师人数的增加，因为他们主张拥有自主权，而这种自主权是专业权力的来源。校长继续向教师施加压力，要求他们发表论文。教师在其所属的学科组织和编委会中发挥着日益重要的作用，这样既有助于校长获得一位可视性专家，也有助于教师获得乐于倾听其演讲的受众群体，不断扩大人际网络。在日益壮大的期刊出版领域，教师们增强了他们的知名度，拓展了人脉，促进了他们职业生涯的发展。

在经济学领域，美国出版学术期刊的历史始于1886年哈佛大学出版的《经济学季刊》。继《经济学季刊》之后，1892年芝加哥大学出版了《政治经济学期刊》。《美国经济评论》于1911年创刊，由美国经济学会出版。1919年出版的《经济学与统计学评论》成为哈佛大学的第二份经济学期刊。

在日益增多的学术期刊中，编辑对于学术界的发展至关重要。众多的学术期刊展示了相关学科的最新进展，并确立了学术交流的界限。此外，编辑（以及较小程度上发挥作用的编委会）在确定撰稿者谁的观点鲜明、切题且有力方面发挥了关键作用。德拉蒙德·雷尼（Drummond Rennie）指出，同行评议直到第二次世界大战后才开始普及，即使在那时，这种做法也因期刊而异。相反，编辑在很大程度上控制着文章的征集和出版。

高等教育史上的一个重要问题是，如何确定一门学科的制度框架。它不仅能塑造该学科的知识轮廓，还能选择那些后来被称为专家的人。为了更好地了解影响经济学专业早期学术期刊选择发表不同文章的各种因素，对《美国经济评论》和《经济学季刊》这两种重要期刊进行研究尤其具有指导意义。

《美国经济评论》是由美国经济学会出版的典型学会期刊，它拥有一个由许多不同大学的教师组成的编委会。相比之下，《经济学季刊》是典型的由大学管理的高校学报，其编委会由哈佛大学全体教师组成。仔细研究在这些期刊上成功发表论文的重要决定因素——人际关系，将加深我们对经济学专业化本质的理解，并揭示所谓的"校友关系网"。

• 内幕交易 •

在当时的美国经济学会主席、纽黑文铁路公司继承人、耶鲁大学的亨利·法南的资助下，美国经济学会于 1911 年 3 月开始出版《美国经济评论》。麻省理工学院的戴维斯·里奇·杜威（美国金融史的权威专家，美国经济学会前任主席）是《美国经济评论》成立之初 30 年的编辑。虽然杜威称自己在担任《美国经济评论》的编辑时"没有得到任何指导，甚至没有得到一点建议"，但他并非一个新手，他之前曾在《美国统计学会会刊》任编辑，从其创刊起一直担任了 15 年。

美国经济学会的记录显示，《美国经济评论》从 1911 年成立到 1948 年，共 265 人成为其助理编辑或编委会成员。再具体一些，共有 72 人担任编辑，其中仅有两位女性。蒙特霍利约克学院的阿尔扎达·康斯托克担任了 3 年（1937 年至

1939 年）的编委会成员，瓦萨学院的梅布尔·纽科默担任了 4 年（1942 年至 1945 年）的编委会成员。

虽然在这一时期《美国经济评论》只有两位总编辑——杜威和保罗·T. 霍门（Paul T. Homan），但共有 68 名男性担任编委会成员。对这些人机构隶属关系的研究表明，他们的学术隶属关系相当多样化（只有少数政府隶属关系）。总共有 36 所不同的学校为编委会的男性成员提供学术之家，其中哈佛大学是最常见的机构，拥有 5 名编委会成员。紧随其后的是明尼苏达大学和威斯康星大学，各有 4 名编委会成员。

在这一时期，《美国经济评论》编委会中的两名女性都拥有经济学博士学位，但男性编委会成员的情况略有不同。大约 90% 的男性成员拥有博士学位，但并非所有人都是经济学专业。在这些拥有博士学位的男性成员中，75% 是经济学专业的，25% 是非经济学专业的。《美国经济评论》编委会的大多数男性成员和女性成员也保持着美国经济学会的成员身份。

1911 年至 1948 年期间，《美国经济评论》发表了 980 篇文章，其中约 94% 由男性撰写，近 6% 由女性撰写。与图书出版相比，女性表现略差一些。从《经济公报》和《美国经济评论》发布的"新书"列表上可以看出，男性占比 92%，女性占比 8%。虽然《美国经济评论》创刊号的封面文章是由一名女性撰写的，但 8 年后，这一期刊上才出现一篇由女性作者撰写的（非诉讼）文章。韦尔斯利学院的凯瑟琳·科曼在 54 岁时才在《美国经济评论》上发表了封面文章。她可是一位著作颇多的作家，其作品常出现在一些最负盛名的期刊上。

从成立到 1948 年，在《美国经济评论》上发表文章的女性作者中，约半数拥有博士学位，其中大部分（约87%）拥有的是经济学学位。获得博士学位的女性作者来自哥伦比亚大学、威斯康星大学和拉德克利夫学院的比例大致相同。相较而言，61% 的男性作者拥有博士学位，其中拥有的是经济学博士学位的比例略低（81%）。获得博士学位的男性作者多来自哥伦比亚大学，其次是哈佛大学，然后是威斯康星大学。

历史最悠久的英文经济学专业期刊《经济学季刊》于 1886 年，也就是美国经济学会成立的第一年开始出版。由哈佛大学编辑的《经济学季刊》是在哈佛校友约翰·艾略特·泰勒（John Eliot Thayer）的捐赠下成立的。《经济学季刊》的第一位编辑是查尔斯·F. 邓巴，他担任了 10 年的总编辑后将这一职位移交给了弗兰克·W. 陶西格（Frank W. Taussig）。陶西格早年间对期刊的指导工作非常成功，因此《美国经济评论》向他提供总编辑职位，希望《经济学季刊》能够转变为美国经济学会的官方期刊。也许是出于对哈佛大学的忠诚，陶西格拒绝了。

《经济学季刊》编委会成员的记录显示，从 1886 年到 1948 年，担任其编辑、主编和副主编的人员共有 354 人。当我们研究单个个体时，发现共有 31 人担任《经济学季刊》副主编，其中没有一名女性。换言之，在《美国经济评论》编委会任职的人的工作年限，平均比在《经济学季刊》担任编辑职位（除了总编辑）的人要少很多。在《经济学季刊》担任副主编的平均工作年限为 8 年，而在《美国经济评论》担任副主编职位的平均工作年限仅为 3 年。

在此期间，《经济学季刊》只有 3 名编辑——查尔斯·F. 邓巴，任职 10 年；弗兰克·W.陶西格，任职 29 年；爱德华·钱伯林（Edward Chamberlin），任职 1 年；共有 32 人担任副主编。对这些人的所属机构进行研究后发现，所有编辑职位都由哈佛大学的男性学者担任。只有男性，没有女性。

至于那些在《经济学季刊》担任编辑的人的教育背景，84% 的人拥有博士学位，而这些博士学位大多是经济学学位。在拥有博士学位的成员中，86% 获得的是经济学专业的博士学位，14% 获得的是非经济学的博士学位。大部分《经济学季刊》编辑团队的成员属于美国经济学会，只有两名成员不是美国经济学会的成员。

1886 年至 1948 年，《经济学季刊》发表了 1534 篇文章——1483 篇（97%）由男性发表，只有 51 篇（3%）由女性发表。1894 年，爱丽丝·罗林斯·布鲁斯特（Alice Rollis Brewster）是第一位在《经济学季刊》上发表文章的女性。相隔 18 年，直至 1912 年《经济学季刊》上才再次出现由女性，即内布拉斯加大学英格兰分校的米妮·斯洛普（Minnie Throop）和韦尔斯利学院的安娜·普里切特·扬曼（Anna Pritchett Youngman）发表的文章。

这一时期在《经济学季刊》发表文章的 32 位女作者中，约 38% 拥有博士学位，其中大部分是经济学博士学位。在这些拥有博士学位的女性中，大多数来自拉德克利夫学院，值得一提的是，该学院没有女性经济学教师；获得博士学位的学生由哈佛大学的教师授课。至于是否是美国经济学会的成员，这些女性作者并不是很在意。在《经济学季刊》发表文章的女性中，只有不到一半是美国经济学会的成员。

• 初识功成名就者 •

在《美国经济评论》成立的头 37 年里，共有 36 名女性在《美国经济评论》上发表过至少 1 篇文章，与总数 980 篇相比，这个比例很小。1886 年开始出版的《经济学季刊》从成立到 1948 年，共有 32 名女性发表过至少 1 篇文章，这在总数 1534 篇文章中所占的比例则更小。

值得注意的是，这些年来有 9 位女性同时在《美国经济评论》和《经济学季刊》上发表过文章，分别是多萝西·沃尔夫·道格拉斯（史密斯学院），伊丽莎白·沃特曼·吉尔博（拉德克利夫学院研究生院经济学顾问），格雷斯·汤普森·冈恩（美国预算局），埃米·赫斯（蒙特霍利约克学院），格拉迪斯·路易斯·帕尔默（海琳斯学院，后来成为宾夕法尼亚大学的工业研究单位），丽塔·里卡多·坎贝尔（哈佛大学和后来的塔夫茨大学的研究员），玛格丽特·卢米斯·斯特克（美国社会保障总署），马克辛·亚普尔·斯韦齐（拉德克利夫学院）和安娜·普里切特·扬曼（韦尔斯利学院）。这些女作家大多在没有合著者的情况下发表文章，除冈恩外，其他人都拥有博士学位。

当研究这些"功成名就者"的教育背景时，我们发现他们不仅几乎所有人都拥有博士学位，而且大多数人都拥有经济学博士学位。只有道格拉斯（政治学）和赫斯（社会学）拥有其他领域的博士学位。这些女性的另一个共同点是她们与"七姐妹女子学院"中的其中一个有联系。如前所述，拥有经济学博士学位的女性很难在女子学院和政府以外的领域找到工作。在《美国经济评论》和《经济学季刊》成功发表文章的 9 名女性中，5 名曾在女子学院就读，4 名在其他地方就读：先后在海琳斯学院、宾夕法尼亚大学就读的帕尔默；先后就读于哈佛大学、塔夫茨大学的坎贝尔；美国社会保障总署的斯特克；美国预算局的冈恩。

这些缺乏研究机构支持的功成名就者在发表文章方面取得的成功更加引人注目。女教师教学负荷过重并不少见。到1900 年，韦尔斯利学院的教授通常每学期教授 3 门完整课程，但负责 4 到 5 门课程的情况并不罕见。限制女教师的另一个因素是薪资太少，她们往往需要身兼多职才能维持生计。玛丽·安·祖巴克（Mary Ann Dzuback）指出，大学有更多的方式支持教师研究，包括减少教学负担以腾出时间进行研究活动，以及提供资金以支持差旅和研究。

这不仅仅是对常规教学负荷（通常很重）或"任务量工资"的期望，它还使得在女子学院教书的女性难以从事研究工作。人们期望女教师能履行其实质性的监督职责，而不是像她们的男同事那样无所事事。女教师应成为本科女学生的榜样，海伦·霍洛维茨（Helen Horowitz）指出，这样就出现了一种"双层体系"，只为女教师提供校内住宿，而为男教师提供校外住房。此外，史密斯学院的女性教师在学院的官方出版物中被称为"教师"，而男性教师则被称为教授。霍洛维茨称，"女教授在专业上缺乏尊重，她们的私生活受到管控，因为她们被期望为学生树立榜样"。

在这些女作者中，有几位在同一所学院工作了几十年，埃米·赫斯从1905年到1943年都在蒙特霍利约克学院工作，多萝西·沃尔夫·道格拉斯在史密斯学院工作了30年，她们的另一个共同点是缺乏长期稳定的关系。当然，男教师也有职业流动性，他们改变机构隶属关系也并不罕见。即便如此，女性教师工作的独特性和流动性给她们增加了额外的时间压力，从而削弱了她们参与研究的精力。

最后，作为职业教师的女性在机构方面的选择有限，她们注定要过"孤独的生活"。19世纪90年代，玛格丽特·罗斯特写道，她的婚姻自动结束了她的教师职业生涯。然而，"双层体系"并不排斥男教师结婚。事实上，已婚男性被视为可靠的教师。"男人有家庭"是件好事，而"女人有家庭"在高等教育中则是矛盾的。换句话说，婚姻被认为与职业不相容。

研究这些功成名就者的婚姻状况时，我们发现了一些有趣的线索，能帮助我们了解女性是如何化解困境的。20世纪初，女性的结婚率一般略高于90%，但有44%的功成名就者未婚。9名功成名就的女性有5名确实结婚了，这一事实似乎表明，婚姻与有抱负的女性并非是对立的。但其中3人的婚姻以离婚告终，有一个人她的婚姻虽然保住了，但她有一个很好的研究和出版机会却被搁浅了。

有人可能会想，与其他女性发表在《美国经济评论》和《经济学季刊》上的文章相比，这些成就卓越的女性发表的文章是否会将更多的女性议题纳入讨论的主题。我们在对1885年至1948年《美国经济评论》和《经济学季刊》中女性发表的所有文章进行研究后发现，只有多萝西·沃尔夫·道格拉斯于1920年在《经济学季刊》上发表的一篇文章的标题中包含了"女性"或"女人"一词。这是道格拉斯发表的第二篇正式将女性议题纳入讨论的期刊文章，第一篇文章于一年前发表在《美国经济评论》上。

总共有14篇由女性发表的文章在讨论中提及了女性，其中大部分集中在20世纪30年代和20世纪40年代。研究发现，这14篇由女性撰写的文章中，有5篇（约36%）是由一位功成名就者发表的。将其与在《美国经济评论》和《经济学季刊》上发表文章的其他一般女性作者相比，功成名就者更可能发表明确提及女性的作品。在此期间，女性发表在《美国经济评论》和《经济学季刊》的109篇文章中，只有13%的文章提到了女性，而功成名就者发表的文章中提到女性的比例要高得多。虽然不清楚这些女性是否更倾向于选择那些有争议性的主题，或者编辑是否不太可能拒绝某个功成名就者的文章，但我们知道这些女性愿意将性别纳入她们的分析中。

· 校友关系网的实证分析 ·

我们对《美国经济评论》和《经济学季刊》上发表文章的作者了解多少？那些拥有博士学位的人更有可能在这些期刊上发表文章吗？他们的博士学位是经济学专业还是其他领域的，这与他们发表文章有关系吗？拥有博士学位的作者更可能合著，还是独撰？若选择合著，他们会选择与同性还是异性合著？最后，他们的学术关系及背景对他们出版作品的可能性发挥着怎样的作用？拥有博士学位的作者，或者与编辑团队成员隶属于同一机构的作者更有可能发表文章吗？这些问题的答案有助于我们了解机构关系是怎样影响这一时期经济学学者的学术成就的。

我们对经济学专业早期进行了更为细致的研究，研究在《美国经济评论》和《经济学季刊》上发表多篇文章的影响因素。具体而言，是研究拥有非经济学博士学位或经济学博士学位对于在这些期刊上发表多篇文章的作用。我们研究了作者与编辑之间的一系列关系，例如作者是否与编辑隶属同一机构，是否与编辑受雇于同一机构，或者是否于编辑所在的机构获得博士学位，以及这些关系对发表多篇文章的可能性的影响。由于在这段时间里，很少有女性在《美国经济评论》和《经济学季刊》上发表文章，因此所揭示的大部分结论都是关于这些关系对男性学者的影响。我们研究了男性作者、身为美国经济学会成员的男性作者和非美国经济学会成员的男性作者，并尽可能了解女性作者的情况。这些关系告诉了我们很多关于最近被称为"校友关系网"的信息，及其对早期经济学专业学者发表期刊文章的影响。

• 《美国经济评论》•

先来看《美国经济评论》的男性作者，我们首先分析了在 1911 年至 1919 年、1920 年至 1929 年、1930 年至 1939 年和 1940 年至 1948 年期间，拥有非经济学博士学位或拥有经济学博士学位可能对发表多篇文章产生的影响。有人认为，一个人拥有高学历，比如经济学博士学位，会增加他发表多篇文章的可能性。也有人可能会认为，拥有非经济学博士学位可能代表着一个人的资历，特别是在经济学博士学位还不普遍的时候。

令人惊讶的是，在我研究的几十年中，拥有经济学博士学位并没有增加男性作者发表多篇文章的可能性。我们确实发现，与没有博士学位的作者相比，在不同领域拥有博士学位的人在 20 世纪 20 年代、20 世纪 30 年代和 20 世纪 40 年代发表多篇文章的可能性分别比没有博士学位的人要高 25%、28% 和 39%。学历似乎很重要，但学历不仅仅指的是狭义的经济学博士学位。

值得注意的是，男性作者和编辑之间的关系似乎并不影响他在《美国经济评论》创立之初 30 年中发表多篇文章。然而在 20 世纪 40 年代，这些关系开始变得重要。那些与编辑或编委会成员在同一机构获得博士学位的男性作者发表多篇文章的可能性，比没有这种关系的作者高 13%。同样地，在同一机构担任编辑的男性作者发表多篇文章的可能性要高出 14%。

《美国经济评论》是一份学会刊物，因此我们可以研究美国经济学会成员资格对作者发表多篇文章的影响。为了更好地理解美国经济学会成员资格对发表文章的作用，我们可以比较拥有博士学位，对身为美国经济学会成员的作者和非美国经济学会成员的作者及其关系的影响。数据显示，在 20 世纪 20 年代，与没有博士学位的男性作者相比，美国经济学会成员中拥有经济学以外领域博士学位的男性作者发表多篇文章的可能性要高出 26%，在 20 世纪 40 年代，这一可能性要高出 28%。同样，拥有经济学博士学位对这类作者发表多篇文章的可能性没有显著影响。

对美国经济学会男性成员的机构关系的研究也表明，直到 20 世纪 40 年代，这些关系才变得重要。然而，20 世纪 40 年代，在同一机构工作的美国经济学会男性作者和编辑团队成员发表文章的可能性增加了 16%，但是，于编辑团队成员所在的机构获得博士学位的作者发表多篇文章的可能性则减少了 27%。

虽然在这段时间里，少有作者不是美国经济学会的成员，但那些非美国经济学会成员的作者似乎没有享有获得博士学位的好处。在过去十年中，拥有任何领域的博士学位都不会增加他们在《美国经济评论》上发表多篇文章的可能性。考虑到这些关系对非美国经济学会成员的男性的影响，数据显示，在 20 世纪 20 年代，与编辑或编委会成员在同一机构任

职的作者发表多篇文章的可能性确实增加了约 53%。20 世纪
40 年代，非美国经济学会成员、与编辑团队成员在同一机构
获得博士学位的男性作者发表多篇文章的可能性要高出 65%。
没有其他关系对发表多篇文章的可能性有重要影响。也就是
说，非美国经济学会成员不会受到与编辑在同一机构获得博
士学位的负面影响。

由于女性作家太少，关于女性发表文章的研究成果都非
常有限。我们可以研究在 20 世纪 30 年代拥有博士学位和人
际关系对女性发表多篇文章的可能性的影响。证据表明，这
些因素对发表文章没有显著影响。

如前所述，在此期间，合著的期刊出版物数量有所增加。
1911 年至 1929 年间，《美国经济评论》中只有 4% 的合著文
章。20 世纪 30 年代和 20 世纪 40 年代，合著的比例增长了
一倍多，合著的文章占比分别为 10% 和 11%。通过以下分析，
可以发现，影响独撰与合著的因素是否相同。

仅考虑在《美国经济评论》发表文章的男性合著者时我
们发现，20 世纪 20 年代，与编辑在同一机构获得博士学位
的男性合著者与没有这种关系的男性合著者相比，发表多篇
文章的可能性降低了 8%。20 世纪 30 年代，拥有经济学博士
学位的男性合著者发表多篇文章的可能性比没有博士学位的
男性合著者高出约 9%。

考虑编辑和女性合著者之间的关系时，唯一可衡量的影响
因素发生在 20 世纪 30 年代。与编辑团队成员就职于同一机构
的女性合著者，和没有这种关系的女性合著者相比，发表多篇

文章的可能性要高出 73%。20 世纪 30 年代,《美国经济评论》迎来了第一位女性编委会成员——蒙特霍利约克学院的阿尔扎达·康斯托克,当时的女性合著者可能会因此受益。

对同性合著者的研究表明,20 世纪 30 年代和 20 世纪 40 年代,与同性合著的女性发表多篇文章的可能性分别降低了约 70%、96%。女性与同性合著显然不是在《美国经济评论》上发表多篇文章的秘诀。

《美国经济评论》是一份学会刊物,不受特定大学的资助。因此,编辑团队的成员遍布美国各地,他们的学术资源分布于不同的大学。将《美国经济评论》的作者和编辑之间的关系与《经济学季刊》的进行比较,会发现《经济学季刊》是一份非常有影响力的出版物——该出版物的团队位于哈佛大学,编辑团队中只有哈佛教师。因此,我们有望发现机构关系对发表多篇文章可能性有更显著的影响。

• 《经济学季刊》 •

《经济学季刊》创刊比 1886 年才开始发行的《美国经济评论》要早 25 年。我们研究了它 70 年间的出版情况,包括 1886 年至 1889 年、1890 年至 1899 年、1900 年至 1909 年、1910 年至 1919 年、1920 年至 1929 年、1930 年至 1939 年、1940 年至 1948 年,研究这些时间段内博士学位身份以及作者和编辑之间的关系对一个人发表多篇文章可能性的影响。

我们希望得出只要获得经济学博士学位或者是获得任何

领域博士学位，就能增加发表多篇文章的可能性的结论。然而，《经济学季刊》中关于男性作者发表文章的证据表明，他们是否有经济学博士学历并不重要。通过研究博士学位对男性作者的影响，我们发现 19 世纪 80 年代，非经济学博士学位的作者发表多篇文章的可能性比没有博士学位的作者高出 36%。其他时期亦是如此，只要是博士学位，在《经济学季刊》上发表多篇文章就有极大的可能性。研究结果还表明，在所研究的时段中，一个人拥有经济学博士学位并不会对他发表多篇文章的可能性产生影响。

如果学历对于一个作者能否在《经济学季刊》上发表多篇文章并不重要，那么重要的可能是关系。我们希望重要关系涉及的是与编辑在同一机构工作的作者。有数据显示，与编辑在同一机构工作的男性作者（在哈佛《经济学季刊》的案例中）发表多篇文章的可能性，要比 19 世纪 80 年代非哈佛大学教师的作者高 36%，比 19 世纪 90 年代的高 18%。因此，我们发现，哈佛大学教师中的男性作者更有可能在所研究的 7 个时期中的 2 个时期发表多篇文章——这一关系之所以成立，是因为所有编委会成员都是哈佛大学教师。

对美国经济学会成员（和非成员）的研究表明，对于身为美国经济学会成员的男性作者而言，学历仅在 20 世纪 40 年代对他发表多篇文章的可能性有所影响，当时拥有经济学以外领域博士学位，且身为美国经济学会成员的男性作者，发表多篇文章的可能性比没有博士学位，且身为美国经济学会成员的男性作者高 27%。

在人际关系方面，在所研究的 7 个时期中，哈佛大学的美国经济学会成员中的男性作者更有可能在其中 3 个时期内发表多篇文章。我们发现，在 19 世纪 90 年代、20 世纪 30 年代和 20 世纪 40 年代，与编辑在同一机构任职的美国经济学会中的男性成员作者在《经济学季刊》上发表多篇文章的可能性，分别增加了 14%、9% 和 17%。因此，在哈佛大学（与编辑团队位于同一地点）任职的美国经济学会成员作者在几十年内发表多篇文章的可能性有所增加。

有趣的是，20 世纪初到 20 世纪 40 年代，非美国经济学会成员的男性作者在某些方面成为"弃儿"，要么是自己的选择，要么是他人的决定。1900 年至 1909 年、1910 年至 1919 年、1920 年至 1929 年，在哈佛大学任职的非美国经济学会成员男性作者在《经济学季刊》上发表多篇文章的可能性分别降低了 60%、72% 和 57%。这一不同寻常的结果与在哈佛大学任职的美国经济学会成员作者的情况形成了鲜明对比，后者显然得益于这种关系。

此外，与男性美国经济学会成员相比，1910 年至 1919 年间拥有经济学博士学位的非美国经济学会成员的男性作者在《经济学季刊》上发表多篇文章的可能性降低了 72%。这不寻常的结果表明，非美国经济学会成员可能会对那些没有博士学历的人造成影响。然而，在 20 世纪 20 年代和 20 世纪 40 年代，和编辑从同一机构获得博士学位的非美国经济学会成员作者发表多篇文章的可能性分别高出 53% 和 62%。总的来说，美国经济学会成员可能是"合伙人"的标志，而对非美国经济学会的成员来说，则意味着作者和编辑之间的关系将更难维系。只有在20世纪20年代，我们才发现，拥有哈佛博士学位的作者不屑于维系这种关系。这些作者发表多篇文章的可能性便降低了56%。

研究合著关系时，需要特别注意的是，《经济学季刊》的合著率（合著的可能性）略低于《美国经济评论》。在此期间，在《美国经济评论》上发表的748篇文章中，只有58篇（8%）是合著文章。而在《经济学季刊》上发表的1222篇文章中，只有70篇（6%）是合著文章。《经济学季刊》中的大多数合著文章集中在20世纪30年代和20世纪40年代发表。

因为缺乏男性合著者，尤其是在《经济学季刊》创立早期，所以我们的研究范围仅限于20世纪30年代和20世纪40年代。我们对20世纪30年代的男性合著者进行研究，没有发现明显的关系。但在1940年至1948年，哈佛大学教师中的男性合著者更有可能发表多篇文章。具体而言，在哈佛大学任职的男性合著者在《经济学季刊》上发表多篇文章的可能性比没有这种关系的合著者要高17%。

最后，由于《经济学季刊》缺乏女性作者，因此研究结果具有局限性。我们在研究女性作者时发现，在19世纪90年代，女性发表多篇文章的可能性比男性低75%。在其他任何时期，男性和女性发表多篇文章的可能性没有任何可比性。单独研究女性作者时，我们可以研究博士学位对她们在20世纪30年代和20世纪40年代发表文章的影响。研究发现，在20世纪30年代，拥有经济学以外领域博士学位的女性在《经济学季刊》上发表多篇文章的可能性降低了 87%。20 世纪 40 年代，未发现影响女性发表多篇文章的重要决定因素。

通过对 1911 年至 1948 年作者与《美国经济评论》编辑的关系、1886 年至 1948 年作者与《经济学季刊》编辑的关系的研究，我们可以得出什么结论？一些模式出现了。首先，在研究作者发表多篇文章的可能性时，人们希望学历可以发挥作用。在经济学方面，我们可以预测，拥有经济学博士学位或（退而求其次）拥有其他领域博士学位会增加发表多篇文章的可能性。经济学博士学位在这一时期的前几十年里并不普遍，但令人惊讶的结论是，任何时期，拥有经济学博士学位的男性作者在《美国经济评论》或《经济学季刊》上发表多篇文章的可能性并不会增加。

然而，的确有数据表明，20 世纪 20 年代、20 世纪 30 年代和 20 世纪 40 年代，这几十年来，一个作者只要有博士学位，即使不是经济学博士学位，他也能在《美国经济评论》上成功发表文章。但学历对在《经济学季刊》上发表文章没有帮助。1886 年至 1948 年，拥有任何领域博士学位的男性在《经济学季刊》发表多篇文章的可能性都没有增加。

如果学历对男性作者在《经济学季刊》上成功发表多篇文章起到的作用有限，也许关系可以更好地解释这些作者是如何能在这些期刊上发表多篇文章的。我们发现，对于《美国经济评论》，直到 20 世纪 40 年代，任何形式的关系都不是一个人能成功发表多篇文章的重要决定因素。20 世纪 40 年代，那些与编辑团队成员在同一机构任职的作者确实能从中受益，那些和编辑拥有同一机构博士学位的作者也是如此。对于《经济学季刊》来说，与美国经济学会成员产生联系时，与编辑团队成员在同一机构任职的男性作者也能在 19 世纪 90 年代、20 世纪 30 年代和 20 世纪 40 年代从中受益。看来，"团队成员"和"哈佛人"的身份，通常会让投稿《经济学季刊》的作者获得成功。

有一种特别有趣的关系，那就是作者获得博士学位的机构恰巧是与其共事的编辑团队成员的机构。这些作者反而不幸了，他们的这层关系降低了 20 世纪 40 年代《美国经济评论》、20 世纪 20 年代《经济学季刊》非美国经济学会成员，以及 20 世纪 20 年代《美国经济评论》合著者发表多篇文章的可能性。对合著者的分析还表明，拥有经济学博士学位的男性合著者可能会受到重视，至少在 20 世纪 30 年代备受重视。

至于女性作者和合著者，由于在《美国经济评论》和《经济学季刊》中发表文章的女性作者数量相对较少，因此对影响她们成功发表文章的因素的分析有限。但我们也的确发现，在 20 世纪 30 年代的《美国经济评论》，以及 20 世纪 30 年代和 20 世纪 40 年代的《经济学季刊》，和编辑在同一机构任职的女性作者会因此受益。更重要的是，我们发现在这几十年中，与同性合著的女性作者似乎付出了代价，至少在《美国经济评论》中是这样。这些女性作者发表多篇文章的可能性减少了。女性作者接收到的信息是，如果你要合作，最好选择男性……即使他拥有的是经济学以外领域的博士学位。

• 正确看待性别与期刊文章 •

学术界对成功的看法通常以这样一种观念作为开端和结尾：有才华的人能走上巅峰。精英管理思维的文化吸引力在美国已经根深蒂固，在经济学领域更是如此，自由市场的优点在经济学领域得到以充分发挥。

人们普遍认为，知识要推陈出新，必须分享发表在期刊文章上的研究成果，由同行审阅并由该领域的专家作为编辑进行评议。在关于科学领域出版物的讨论中，黛安·克兰（Diane Crane）谈到了审阅过程背后的假设和潜规则，以及它们对知识发展的重要性。

审阅过程的一个关键是：对一个人科学成就的评判不应参考这位科学家的个人或社会特征，包括他们在科学领域中的地位。克兰指出，如果学术分层制度因个人或社会特征而限制某些人在科学领域发挥作用，那么这可能会阻碍学术进步。这种分层不仅对科学家不公平，还会影响科学思想的传播。

芭芭拉·F.里斯金（Barbara F. Reskin）和丹妮斯·D.比尔拜（Denise D. Bielby）解释说，"社会分化"是指突显个人特征的社会过程。在这一过程中，性别的确处于"主导地位"，是一种社会地位的象征，它不仅是个人的主要身份特征，还是组织社会和经济生活的核心。

这一现实对于解释19世纪末20世纪初女性经济学家在知识生产中的作用至关重要。这些女性经济学家面临的现实是，她们的性别使得她们担任与男性不同的初级职位。女性经济学家在选择研究生教育、平衡职业与家庭方面也面临着阻碍。这种边缘化对女性的职业生涯及其参与知识生产产生了深远的影响。正如弗朗辛·布劳（Francine Blau）、玛丽安·弗伯（Marianne Ferber）和安妮·温克勒（Anne Winkler）所言，"一旦男性和女性开始分流，从事不同类型的工作，公司日常运营虽'一切照旧'，但实际上会在生产率、晋升机会和薪酬方面造成性别差异。"

19世纪末20世纪初，睦邻运动是受过教育的女性为数不多的出路之一，女性学者常投身于睦邻运动。她们成为社会改革的坚定支持者，并在不受同行评议或编辑兴趣限制的各种研究和政府报告中发声。相比之下，男性学者则走了一条不同的道路，比起公开鼓吹表面上的客观性，他们更愿意专注于新兴专业期刊，将其视为获得专业权威的手段。

在本章中，我们意识到这种明显的边缘化以微妙的方式塑造了校友关系网。这在一定程度上揭示了性别化网络的实际运行情况，我们也意识到了以男性为主的经济学家之间的关系是如何影响期刊文章发表的。我们发现，作为一名编辑或"守门人"，身处同一机构对提高一个人发表文章的成功率起到了一定的作用。与编辑在同一机构获得博士学位偶尔会增加其发表文章的机会，而从编辑目前所在的机构获得博士学位则会降低其发表文章的概率。

9

非自由市场：女博士毕业后的就业情况

1937年，当利哈梅·布朗·麦考伊（Leahmae Brown McCoy）从伊利诺伊大学获得经济学博士学位时，正值美国经济陷入困境。在美国经济大萧条时期，作为学生的她大部分时间都在接受高等教育，这或许可以解释为什么她父亲说服她放弃了她心仪的化学专业。因为在那个领域，找不到工作。

麦考伊父母对她在律师事务所的秘书工作很满意，但她一点也不满意。事务所的同事都认为她天资聪颖、才华横溢，在他们的鼓励下，麦考伊上了大学。1933年，她在堪萨斯大学获得经济学学士学位，1935年在塔夫茨大学获得硕士学位，1937年在伊利诺伊大学获得经济学博士学位。

毕业后，麦考伊在普林斯顿大学从事研究工作，1939年与查尔斯·F.麦考伊（Charles F. McCoy）相识并结婚，后来有了4个孩子。20世纪50年代，她决定申请亚利桑那大学的教职。据一位前同事说，尽管麦考伊有学历和早期工作经验，但经济系"不会接纳她"。亚利桑那大学的招聘部门负责人表示"绝对拒绝与她有任何关系"，因此麦考伊只好在市场营销系做兼职教师。

1957年，该校的经济系开办了一个博士项目，却发现

"该系没有人有资格从事教学工作"。随后，麦考伊被聘用了。人们可能会以为她的职业生涯有了很大的提升——在某些方面确实如此。她获得了优秀教学成就奖，据说她是一位备受学生喜爱的教授。但她花了16年时间才被提升为正教授。在亚利桑那大学任职期间，她一直是经济系唯一的女性教职工。她的女儿说，她的办公室"总是处于最黑暗偏远的角落，她知道这是因为她是一名女性"。在总结她作为一名女教师的经历时，她的女儿说，"他们根本没把她放在眼里。"

· 工作还是结婚 ·

虽然麦考伊有望成为系主任，但显然很多人认为系主任应是男性。1948年，美国经济学会公布了一份有175名系主任的名单，题为"经济学系主任、商学院院长、商业研究局和机构主任"。这份名单显示，在175家设立经济学系主任的机构中，只有6家机构报告称其有女性经济学系主任。

拥有女性经济学系主任的6家机构都是女子学院。虽然维娃·B.布思（Viva B. Boothe）担任俄亥俄州立大学商业研究局局长，但在常春藤盟校、州立大学或规模较小的男女同校学院中并无女性主席。这一现实反映了除女子学院以外女性教师的缺乏，以及高等院校学者劳动力市场的性别特征。随后的几项研究表明，女性管理者在学术环境中的存在，对女性收入和进入研究生院的女性人数有益，但在职业生涯的最初几年，大多数女性都无法担任教师，除非她们迈过"婚姻的门槛"。

通常情况下，那些在研究型大学获得职位的少数女性大多单身且未婚。许多大学和学院都有历史学家所称的"婚姻的门槛"：禁止雇用已婚女性，一旦女性被发现已婚，就会被解雇。卡罗琳·F. 威尔（Caroline F. Ware）就是这样，她在与经济学家加德纳·梅斯（Gardner Means）结婚时保留了自己婚前的姓氏，1935 年被发现已婚后，她与怀俄明大学暑期教学的合同就被终止了。当这一事件引发全国关注时，该大学表示，该规则是为了"扩大就业"。不出所料，威尔指出该大学是一个教育机构，"不是以工代赈组织"。

与其他大学一样，怀俄明大学也有禁止任命已婚女性担任教师的规定，并要求解雇已婚女教师。克劳迪娅·戈尔丁称，"婚姻的门槛"出现在 19 世纪末的教学和文书工作中，并持续到 20 世纪的前 20 年。在没有正式的婚姻禁令的情况下，这种非正式的做法阻碍了女性接受高等教育。戈尔丁认为，1900 年至 1920 年间毕业的女性必须选择"家庭或者事业"。

20 世纪 20 年代，女性开始公然挑战婚姻观和职业观。巴巴拉·所罗门（Barbara Solomon）指出，受过教育的女性开始考虑另一种选择：婚姻和职业结合。这些不断变化的观点反映在校友调查中，例如拉德克利夫学院校友协会在学院成立 50 周年之际进行的调查。在这项调查中，73% 的受访者认为女性可以成功地将婚姻和职业结合起来。观点的变化在全国性调查中也很明显，比如《财富》杂志在 1936 年进行的一次调查显示，60% 的女性希望在毕业后一到两年内结婚，

40% 的女性表示希望婚后能继续工作。最后，婚姻观和职业观有所变化，这一点在教育领袖的公开声明中显而易见，比如拉德克利夫学院院长艾达·康斯托克在 1929 年宣称，"我相信，我们已经看到，婚姻从本质上来说比想象得更能与女性事业的延续共存"。

然而，在美国经济大萧条时期，失业率急剧上升，"工作是基于性别的特权"的观念再次出现，对现行女性婚姻观和职业观的挑战受到了打击。20 世纪 30 年代，婚姻禁令的实施范围大幅增加，甚至纳入了立法。

由胡佛总统签署的《1932 年经济法案》中有一条著名的条款 (第 213 条)，被称为"已婚人士条款"。该条款指出，每当政府行政部门裁员时，"如果其配偶也是政府雇员，已婚人士将优先被解雇。"有关"已婚人士条款"的争议一直持续到 1937 年 6 月。虽然使用了中性语言，但该法案在执行时肯定不会不分性别。在美国经济大萧条时期的大部分时间里，该法案对在政府工作的女性产生了不利影响，并在许多情况下是州立法的典范。归根结底，反映在法律或实践中的与婚姻相关的不同文化规范，只是经济方面的一个体现，这使得"自由市场"的概念对女性来说是空洞的——即使是那些受过自由市场教育的女性。

• 经济学——对选择的研究（对某些人而言）•

经济学通常被定义为对选择的研究。然而，1885 年至

1948 年，对于从事经济学工作的女性来说，就业机会很少，制约因素很多。女性在职业选择上受到限制，即使对那些少数获得经济学博士学位的女性来说，这一更温和的概念也远远不足以解释那些强加在女性身上的限制。简言之，对于接受过经济学高等教育的女性来说，劳动力市场根本不是一个自由市场。

早期对经济学领域女性职业状况进行分析的困难之一是缺乏数据。美国人口调查局提供的关于在高等教育机构中任教和为联邦政府工作的女性的信息有限。不过，1920 年成立的妇女事务局使得这些信息更容易获得。

关于美国高等教育中女性教师人数的数据很少。引用最多的数据之一来自美国人口普查，由妇女事务局发布。我们发现，在"所有大学校长、教授和讲师"中，女性比例在 1910 年为 19%，1920 年为 30%，1930 年为 32%，1940 年为 27%。这些数据表明，女性教师的占比在 20 世纪 20 年代显著增加，在 20 世纪 30 年代趋于稳定，然后在 20 世纪 40 年代下降。

关于黑人女性担任大学校长和教授的数据更为有限。美国人口普查数据的确显示，1910 年黑人女性在大学校长和教授中所占的比例为 30% 左右，1930 年占 48% 左右。我们发现，在 20 世纪初的几十年中，女性教师的人数不断增加，在这一时期，黑人女性教师人数相对于黑人男性教师人数也在不断增长。

妇女事务局提供了有关为联邦政府工作的女性员工人数增长的信息及原因，以及 1923 年至 1939 年各机构雇用女性员工的信息。联邦政府女性就业人数从 1923 年占总就业人数的 14.9% 增加到 1938 年的 19.5%，大部分增长发生在 1935年之后。20 世纪 30 年代初，《1932 年经济法案》中断了女性就业人数的增长。妇女事务局称，《1932 年经济法案》导致1932 年至 1934 年间女性就业人数"急剧下降"。

20 世纪 20 年代，妇女事务局在改善女性工作机会方面发挥了重要作用。妇女事务局报告称，1919 年，超过一半的公务员考试不面向女性开放。不久后，行政事务委员会规定，所有考试均向男性和女性开放，并且二者等级相同，工作级别相同，工资待遇相同，并将此写入 1923 年法案。

到 20 世纪 30 年代末，联邦政府雇用的女性员工通常集中在财政部、国务院以及劳工部。妇女事务局称，女性员工占财政部总雇员的 36.3%，占国务院总雇员的 36%，占劳工部总雇员的 33.3%。

• 沉闷科学领域女性博士的职业成果 •

虽然美国人口普查数据无法阐明这一时期女性经济学家的职业成果，但我们已经明确了获得经济学博士学位的女性有哪些，并追踪了她们的职业成果。将这些女性与随机抽样的男性经济学博士进行比较，以检验他们之间的各种差异。

如前所述，1890 年至 1948 年，共有 302 名女性获得经济学或相关领域的博士学位。通过研究这些女性的职业成果，我们发现，大部分女性从事学术工作，尽管通常是暂时的。

平均而言，约 63% 的女性在获得学位后从事学术工作。获得经济学博士学位并从事学术工作的女性大多受雇于女子学院，包括蒙特霍利约克学院、布林莫尔学院、巴纳德学院、史密斯学院和亨特学院。在男女同校环境中担任教职的女性通常被安排在家庭经济学系工作，有时是在社会学系、法学系或地理系工作。

拥有经济学博士学位的女性的第二大就业类别是政府工作，占这一时期获得经济学博士学位女性总数的 16%。在政府部门工作的女性通常受雇于美国劳工统计局、妇女事务局和劳工部的其他机构。其他女性受雇于农业部、美国社会保障总署、美国财政部和美联储。

最后一类至少占拥有经济学博士学位女性总数 5% 的工作部门是非营利部门。我们发现 8% 的女性受雇于非营利组织，她们广泛分布在通常被视为倡导组织的团体中，如美国大学教授联盟、美国文艺女性协会、国际女装工会、税收政策联盟、美国管理协会、美国儿童健康协会，以及考尔斯基金会。

比较样本中 1890 年至 1948 年间拥有经济学博士学位的女性与拥有经济学博士学位的男性时，你会发现他们的职业成果差异巨大。同样，学术工作是男性从事最多的职业类别，83% 拥有博士学位的男性选择学术工作，而只有 63% 同等学力的女性选择学术工作。女性多受雇于女子学院和少数州立大学，而男性则受雇于各种机构。聘用男性经济学博士最多的是宾夕法尼亚大学、威斯康星大学、哈佛大学、俄亥俄州立大学、伊利诺伊大学、耶鲁大学、哥伦比亚大学、宾夕法尼亚州立大学和康奈尔大学。这9所学校中，有5所是常春藤名校。

在政府工作的男性博士比例为8%，而在政府工作的女性博士比例为16%。与女性不同，从事政府工作的男性大多受雇于农业部，其次是劳工部、财政部和美联储。因此，与男性博士相比，女性博士最终更可能进入政府工作，而女性博士从事学术研究的可能性则要小得多。只有4%的男性博士从事营利性工作，5%的男性博士受雇于非营利机构。7名女性博士成为高中教师，而没有男性。此外，更多的女性博士在获得博士学位后没有工作。女性博士和男性博士最大的职业成果就是学术工作和政府工作，经济学女博士约占79%，经济学男博士约占91%。

以10年为单位，列出了样本中男女经济学博士的各种职业成果、影响职业成果的因素。这使我们得以确定男女经济学博士在为政府或学术界工作的可能性、结婚率、美国经济学会成员资格以及在学术机构工作的可能性方面的性别差异。最后，我们研究了获得经济学博士学位，然后离开该领域就业的可能性方面的性别差异（表9.1）。

数据显示，在所研究的前40年中，为政府工作的男女经济学博士之间没有统计学上的差异。直到20世纪30年代和20世纪40年代，我们才发现性别差异的出现。20世纪30年代，女性博士为政府工作的可能性几乎是男性的两倍；20世纪40年代，大约13%的女性博士为政府工作，而只有5%的男性博士为政府工作。

表 9.1 按年代和性别划分的经济学博士、职业成果和人口统计信息样本平均值

变量	1890 年至 1899 年		1900 年至 1909 年		1910 年至 1919 年		1920 年至 1929 年		1930 年至 1939 年		1940 年至 1948 年	
	男性	女性	男性	女性	男性	女性	男性	女性	男性	女性	男性	女性
政府	0.13	0.13	0.00	0.20	0.05	0.15	0.08	0.14	0.10	0.19*	0.05	0.13*
学术研究	0.75	0.75	0.80	0.60	0.75	0.45*	0.86	0.66*	0.84	0.61*	0.85	0.64*
结婚率	1.0	0.50*	0.80	0.50	1.0	0.45*	0.99	0.63*	0.93	0.57*	0.96	0.55*
美国经济学会成员	0.63	0.63	0.70	0.80	0.85	0.50*	0.73	0.62	0.70	0.57*	0.96	0.55*
教育机构	0.38	0.25	0.30	0.20	0.35	0.15	0.30	0.18*	0.30	0.20	0.34	0.13*
非经济领域	0.57	0.57	0.33	0.44	0.26	0.50	0.22	0.41*	0.20	0.41*	0.24	0.37*

资料来源　用于确定女性博士学位的来源是 ProQuest 数据库。其他信息是通过研究报纸、讣告、教育机构记录和人口普查记录等历史文件来确定的。

注　所有数值均表示比值。
* 表示女性 / 男性的平均值不同：p-value < .10。

通过研究男女经济学博士的职业成果，我们还发现，自1910年以来，男性和女性从事学术工作的可能性存在显著的性别差异。尽管自1890年以来女性博士从事学术工作的比例低于男性，但直到1910年，这一差异还不足以在统计学上具有显著性。从1910年到1948年，所研究的每个10年，女性从事学术工作的可能性都明显低于男性。1910年至1919年，75%的男性博士从事学术研究，而女性博士的这一比例为45%。在20世纪20年代，86%的男性博士从事学术研究，而女性博士的这一比例为66%。最后，在20世纪30年代和20世纪40年代，分别有84%和85%的男性博士从事学术研究，而女性博士的比例分别为61%和64%。

当我们研究其他重要影响因素时，如结婚率、美国经济学会成员资格以及与之前就读的教育机构的职业联系，我们发现了经济学家职业文化性别特征的其他方面。关于结婚率，我们发现，在所研究的60年中的50年，获得博士学位的男女之间的结婚率存在统计学上的显著差异。1900年至1909年是唯一一个结婚率没有显著性别差异的10年。数据显示，在1890年至1899年期间获得经济学博士学位的女性中，有50%的人已婚，而拥有经济学博士学位的男性的这一比例为100%。1910年至1919年间，拥有博士学位的已婚女性比例下降到45%，而100%的男性博士已婚。

20世纪20年代，拥有博士学位的已婚女性比例上升至63%——1890年至1948年间的最高结婚率。20世纪30年代，女性博士的结婚率降至57%，20世纪40年代下降至55%。

与此同时，20世纪20年代，已婚的男性经济学博士的结婚率保持在99%，20世纪30年代，仅略微下降到93%，20世纪40年代，已婚的男性经济学博士的比例达到96%。这些差异与历史趋势是一致的，20世纪20年代，人们愈发关注女性如何平衡婚姻和工作，20世纪30年代，"婚姻的门槛"的重新引入带来了限制。

美国经济学会成员资格表明了职业关系，同时提供了男女博士与该行业其他人的人际关系网络，这些人可能以各种形式提供就业机会、信息和职业发展的途径，包括合著。结果表明，在所研究的前20年（1890年至1899年、1900年至1909年），拥有经济学博士学位的男性和女性成为美国经济学会成员的可能性没有差异。1910年至1919年，男性和女性成为美国经济学会成员的可能性在统计学上存在显著差异。1910年至1919年，获得博士学位的女性加入美国经济学会的比例降至50%，而85%的男性加入了美国经济学会。20世纪30年代和20世纪40年代，虽然男性和女性加入美国经济学会的可能性都有所下降，但男性经济学博士和女性经济学博士在美国经济学会成员人数方面存在显著差异。20世纪30年代，大约70%的男性博士有可能加入美国经济学会，而只有57%的女性博士有可能加入美国经济学会；在20世纪40年代，63%的男性博士加入了美国经济学会，但只有48%的女性博士加入了美国经济学会。

研究一名博士生被他们所就读的院校聘用的可能性时，我们发现了更多的性别差异。在19世纪的最后10年和20世纪初的前 20 年，男性博士和女性博士在这方面没有显著差异。20 世纪 20 年代，我们开始发现这方面的性别差异。结果表明，在 20 世纪 20 年代和 20 世纪 40 年代，男性经济学博士比女性博士更有可能在他们所就读的院校找到工作。具体来说，20 世纪 20 年代，有 30% 的男性在他们就读的院校从事学术工作，而女性的这一比例只有 18%。同样，20 世纪 40 年代获得博士学位的男性中，有 34% 表现出了这种联系，而女性的这一比例只有 13%。虽然男性更有可能在其就读的学术机构找到工作，但 20 世纪 20 年代显著的性别差异反映出越来越多的女性从事学术工作。20 世纪 40 年代的差异可能反映了战后对男性就业的偏见，导致从事学术工作的男性人数有所增长，尤其是在战争结束后。

• 为（一些）女性经济学家寻找归宿 •

我们的调查结果表明，拥有经济学博士学位的女性比男性更有可能脱离自己的学科。性别差异自 20 世纪 20 年代出现，并持续到 20 世纪 40 年代。在性别差异的形成时期，从事学术研究的女博士流入其他领域是经济学专业的一个棘手问题。这就引发了人们的思考：这些人都去哪了？社会、机构在为经济学博士提供学术归宿时是否存在性别差异。

这些结果表明，尽管自 20 世纪初以来，拥有经济学博士学位的女性更有可能为了就业而脱离该学科，但在狭义上研究学术就业时，我们开始发现这些女性和男性的发展方向。

首先，随着 20 世纪 20 年代家政学的发展，拥有经济学博士学位的女性越来越多地受雇于与家政学相关的部门，而男性则没有表现出这种趋势。在 187 名拥有经济学博士学位的女性学者中，有 23 人来自家政学领域，其次是历史学、普通社会学、管理学，然后是理论社会学。

对于在经济学以外领域从事学术工作的男性来说，最普遍的领域是商业的核心领域，包括会计、金融、工商管理、商业教育、商业统计和市场营销。1890 年至 1948 年，在 60 名男性经济学博士的样本中，近一半进入了不同的学术领域和商业核心领域。只有 32% 的男性博士在传统的社会科学领域工作，如历史学、政治学、社会学和地理学。

对于从事行政工作的女性来说，"女院长"的角色是州立大学系统中为数不多的担任行政职位的机会之一。这一角色使女性能够担任教职并提供实质性投入，为女研究生和本科生塑造教育环境。明尼苏达大学的艾达·康斯托克（后来成为拉德克利夫学院院长），加州大学伯克利分校的露西·斯普拉格·米切尔（Lucy Sprague Mitchell）和露西·沃德·斯特宾斯（Lucy Ward Stebbins），以及爱丽斯·弗里曼（Alice Freeman Palmer）和马里恩·塔尔博特（Marion Talbot，都来自芝加哥大学），她们的行政角色在促进女性接受高等教育方面发挥了重要作用。

塔尔博特对芝加哥大学的女性课程、新思想领域的拓展都产生了重要影响。她在 1904 年推动并建立了一个新的学术系——家庭管理系。她为像索福尼斯巴·布雷肯里奇这样的女教师找到了工作。她来到芝加哥大学后，为这个不断发展的领域带来了许多博士。

伊迪丝·阿伯特于 1905 年获得了经济学博士学位，她和布雷肯里奇推动了对黑兹尔·凯尔克（Hazel Kyrk）在家政学和经济学方面的联合任命。凯尔克在她的书《家庭经济问题》（*Economic Problems of the Family*）中将女性非市场劳动问题提到了最前沿。她后来的学生玛格丽特·吉尔平·里德（Margaret Gilpin Reid）提出了工作的定义，主张在国民收入核算中计入无偿工作。里德的工作对经济学学科是一个重要贡献，用南西·佛伯尔（Nancy Folbre）的话来说，是"当今广泛使用的对家庭成员活动进行分类和测量的基础"。

数据表明，20 世纪 20 年代，女性家政学博士的人数显著增加，20 世纪 30 年代有所下降，20 世纪 40 年代迅速增加。重要的是，芝加哥大学授予该领域博士学位的数量是宾夕法尼亚州立大学的 3 倍多。显然，伊芙琳认为女性开始从经济学领域消失的部分原因是从事学术研究人数的普遍减少，这在一定程度上受到了女性对家政学日益感兴趣的影响。在 20 世纪 30 年代和 20 世纪 40 年代，家政学博士的兴起以及拥有经济学博士学位的女性进入这一新领域，导致女性在经济学中的影响力减弱。

第二次世界大战后，女性担任院长的影响力逐渐减弱。随着女性本科入学率的下降（从 1920 年的 47% 下降到 20 世纪 50 年代中期的 21%），历史学家们称之为"19 世纪'性别区隔'概念的社会重构"，女性完全被安置在家里。对女性态度的改变导致了女院长职位的消亡，取而代之的是由男性而非女性担任的教导主任职位。

长期以来，人们一直认为，战争年代让女性重返劳动力市场（即使只是暂时的）并投入到了以前由男性主导的工作中。这些体现在了臭名昭著的"我们能行"（女铆钉工人罗西）的海报中。美国拥有经济学博士学位的女性和男性的数据揭示了战争年代和战后时期女性的就业状况，战争年代对拥有经济学博士学位的女性有什么影响呢？

通过研究20世纪40年代获得经济学博士学位的男女样本，我们发现1940年至1948年间，从事学术工作的女性比例相较于20世纪20年代有所下降。20世纪40年代，拥有经济学博士学位的女性从事学术工作的比例约为64%，而在20世纪20年代，这一比例为66%。与此同时，20世纪40年代获得经济学博士学位并从事学术工作的男性比例略有上升，从84%上升到了85%。

从20世纪40年代女性博士在政府工作的比例来看，女性博士在政府工作的比例从17%下降到了13%。战争年代，对战争相关产品需求的大幅增长促使女性劳动力供应发生了整体变化，但几乎没有证据表明，战争扩大了20世纪40年代女性获得经济学博士学位的机会。在1890年至1948年获得博士学位的所有女性中，许多人于20世纪40年代在联邦政府找到了工作。虽然一些人，如国际货币基金组织的玛格丽特·加里森·德弗里斯（Margaret Garritsen de Vries）、美国联邦存款保险公司的弗洛伦斯·赫尔姆（Florence Helm）和美国社会保障总署的伊丽莎白·帕斯卡尔（Elisabeth Paschal），在政府长期工作，但许多人只是有一份不稳定的工作，在整个职业生涯中经常跳槽。

• 客观看待女性和工作 •

我们对1890年至1948年获得经济学博士学位的女性的职业生涯进行了研究，这使我们对工作，特别是学术工作，作为一种基于性别的特权是如何影响女性生活的，有了更深刻的理解。这些受过高等教育的女性的职业生涯无比清楚地揭示了结婚等基本人权是如何将女性与工作隔离开来，并迫使她们在家庭和事业之间作出选择的。

许多大学制定了"反裙带关系"政策，女性一旦发现已经结婚，或在聘用期结婚，将予以解聘。类似的规定对女性从事所谓的阶梯式工作限制重重。即使没有官方明文规定的"反裙带关系"政策，但实际上，许多高校也不愿雇佣女性教师。

当女性被允许进入女子学院这样"神圣的殿堂"时，她们承担着繁重的教学任务，却拿着微薄的薪水，并且被要求承担男性教师不用承担的监督职责。事实再次证明：工作是一种基于性别的特权，有利于男性，不利于女性。

20世纪20年代，随着女性开始要求工作和结婚的基本权利，利用婚姻禁令来限制女性参与学术劳动力市场的做法有所减少，但由于失业率上升，这种做法在20世纪30年代再次出现。美国经济大萧条时期，《1932年经济法案》在联邦法律中引入了婚姻禁令，这对女性的伤害尤其严重。该法案一直持续到1937年，其中包含了一项"已婚人士条款"，该条款规定，每当行政部门裁员时，如果已婚人士的配偶也是政府雇员，已婚人士将首先被解雇。尽管使用了中性语言，但该条款还是被用来解雇女性。最后，《1932年经济法案》限制了女性在联邦政府和州政府的就业，因为许多州随后也出台了类似的立法。

许多教育机构拒绝聘用女性教师，这不仅限制了她们获得研究生学位的机会，而且无疑进一步扼杀了女性接受研究生教育的兴趣。此外，女性教师的缺乏促成了期刊中以男性为主的编辑网络，这显然影响了该学科的知识生产。"工作是一种基于性别的特权"这一概念使女性在这一学科中处于边缘地位。在最后一章中，我们将看到20世纪40年代在许多方面代表经济学专业化努力的顶峰，以及女性在实现这一使命中所起的作用。

10

完成使命：定义专业经济学家

当我们回顾 20 世纪 40 年代时，我们发现将经济学学科专业化，并作为一门独立学科的呼声在这一时期尤为高涨。对该学科范畴的争议最终简化为：定义谁是（谁不是）经济学家。经济学等学术专业旨在定义知识的范畴，但却促使该学科研究领域的发展，以现在众所周知的 JEL 分类系统为标识。

学术专业之所以具有独立性，正是因为其具有自我调节能力，并能够明确表达自己的专业标准。20 世纪 40 年代，美国经济学会领导层被敦促制定专业标准，1941 年，该学会成立了一个委员会，以提高专业标准和招聘水平。20 世纪 50 年代至 60 年代，在福特基金会等基金会和政府实体的鼓励下，美国经济学会致力于将"专业标准"的概念具体化。这些努力强调了研究机构培养研究员的重要性，并监督了不同机构和院校培养经济学专业学生的标准化过程。此外，这些努力为研究机构带来了拨款和政府资金。这些专业化的努力最终在 20 世纪 40 年代达到顶峰，形成了一种特殊类型的专业组织。

在美国经济学会成立早期，当它还是一个酌盈剂虚的新兴机构时，就有关于学会入会资格，以及其如何影响经济学和该行业地位的争论。这场意识形态的辩论最终让辩论双方——一方深受德国历史学派影响，另一方动辄用科学语言将他人冠以鼓吹家抑或是建议干脆解散学会——将争论点局限于经济学家的定义，这无疑大大缩小了一个新职业的轮廓范畴。虽然美国经济学会成立之初就一直在努力让商人加入，但当该组织开始自立时，为此付诸的努力却开始减少。科茨认为，对经济学家进行分类的担忧"显然是美国经济学会成员的异质性和维护学会学术和科学特征的愿望的副产品。"也许"维护"一词有点过于乐观了。界定谁是（谁不是）经济学家的努力无疑是努力获得专业地位的核心。

杜威致力于为评论、注释和注释标题设定主题组织形式，这代表了围绕职业身份的这场辩论的额外努力。虽然杜威最初的名单是在他担任《美国经济评论》的编辑时制定的，但贝亚特丽斯·谢里耶（Beatrice Cherrier）指出，"正是对美国经济学会成员进行分类的日益增长的需求——现在基本上被遗忘了——引发了对分类方法的公开讨论"。

• 聚集来自全国的智囊团 •

值得注意的是，战时（第一次世界大战，尤其是第二次世界大战）在进一步塑造经济学和经济学家的身份方面发挥了重要作用。关于如何对该领域的研究进行分类的辩论，以及美国经济学会领导层在塑造可以被称为"经济学家"的人的身份方面的影响，已经有了很长的历史，并在 20 世纪 40 年代得到巩固。

正如科茨所指出的，杜威引入了经济学研究分类的形式来组织《美国经济评论》中的材料。两次世界大战期间，人们开始日益关注经济学专业标准以及如何定义经济学和经济学家。美国经济学会中专业的领导层在解决"管辖权争议"方面会起到重要作用吗？这些讨论在塑造学科边界方面又发挥了什么作用？最重要的是，这些边界会将女性视为学科中的重要成员，还是会让她们从事学科边缘甚至是学科之外的工作？

第一次世界大战期间，该学会有机会更正式地从冒名顶替者中甄别出真正的经济学家。1914 年春，杨格试图提高美国经济学会领导层在联邦政府中的知名度。杨格致函美国农业部部长大卫·F. 休斯顿（David F. Houston），向其抱怨农业部统计工作质量差，并提出农业部可以通过赞助美国经济学会年会来改进其工作。当休斯顿给予积极回应时，杨格迅速与统计专家联系，跟进这一建议，美国统计学会也加入了美国经济学会的赞助活动。如美国经济学会第 27 届年会计划所示，在这次联合主办的会议上，没有一个参与者是女性。

1917 年 3 月，美国经济学会的领导层也开始讨论该组织如何通过调动"我们所有的资源，包括智力和体力资源"来为战争贡献力量。为此，杨格致函各成员，表示执行委员会将很快开会讨论"经济学家在国防工作中的合作"计划。杨格表示，执行委员会可能采取的行动之一是成立与国防有关的委员会。事实证明，执行委员会确实考虑成立国防问题委员会，但这项提议被否决了。杨格还提到了另一项重要措施：开展与美国行政事务委员会有关的经济专家普查。

仅仅一个月后，即1917年4月，杨格向美国经济学会成员发送了一份调查问卷，询问他们的专业知识。根据美国行政事务委员会的要求，下一步是要求学会清除名册上"不属于经济专家的人的姓名"。迈克尔·A. 伯恩斯坦称，3位"杰出成员"——约翰斯·霍普金斯大学的乔治·巴奈特（George Barnett）、哥伦比亚大学的约翰·贝茨·克拉克（John Bates Clark）、弗兰克·陶西格和杨格一起，负责清除名册上那些被认为不是经济专家的人。不幸的是，这项于1918年6月完善的名单由于战争结束而从未公之于众。

被归为经济专家的人的名单虽没有公布，但将经济学家进行分类的想法远没有消失。1923年的职位分类法体现了国家为使公务员薪酬规范化所做出的努力，但厘清薪酬类别的尝试再次将谁可以被视为专家的问题抛给了美国经济学会。20世纪30年代中期，当美国经济学会领导层采用了邮寄投票的方式时，这一问题愈演愈烈这使得那些无法参加年会的人能够在选择候选人和选举官员时表达自己的偏好。如科茨所见，引入"更民主"的官员选举程序再次限制了"合格"专家的推举。

在第二次世界大战再次引起学会领导层的注意之前，确定"合格"专家的问题一直没有解决。创建一份真正的经济学家名单的工作始于1940年，当时有人向罗斯福总统建议成立一个美国国防部科研委员会，利用国家科学和专业人员名册协调战时劳动力需求。美国国防部通过与美国经济学会执行委员会接触，讨论了专业子领域分类问题，同时制定了一份专家名单。到 1940 年秋天，在美国国家资源规划委员会的指导下，该学会可能已经制定了对确定国家科学和专业人员名册有利的计划。

时任美国经济学会秘书的詹姆斯·华盛顿·贝尔（James Washington Bell）首先向普林斯顿大学的卡尔·布里格姆（Carl Brigham）提供了 1938 年的学会成员名单，后者当时正在为名册收集数据。在布里格姆建议省略"部分经济史"，并建议专家名单"应该大幅删减和简化"时，一场关于名单该包括谁和什么内容的辩论便开始了。

列出类别清单成了一个长期项目。以杜威的名单作为一个起点，贝尔在 1940 年 1 月前提出了一份类别清单，许多人认为这一清单"过于详尽"，而《美国经济评论》的新编辑保罗·T. 霍门提出了一个折中方案。但执行委员会最终采纳了贝尔的方案。贝尔的胜利是短暂的，因为布里格姆立即否决了贝尔的方案。

人们最终吸取了一个教训，即制定一份清单作为分类法，对文献进行分类，供学术界使用，也供战争中的人事决定使用。最后，产生了两种分类，一种侧重于经济学家研究的问题，另一种侧重于大宗商品和制成品。这两种方法对经济学期刊的编辑来说都不是特别有用，但对战争而言，很是合适。在与该学会的合作下，国家科学和专业人员名册在战争期间一直保留着。

20 世纪 40 年代进行了几次调查以征求专家的名单及其专业领域。1941 年建立了最初的名册。1942 年 6 月，国家科学和专业人员名册上的工作人员编写了一份关于专业人员按领域、性别和受教育程度划分的报告，其结果显示，在一些专业中，存在性别失衡现象。该报告表明，经济学专业的女性比例仅为 6%，而历史和政治等其他社会科学专业的女性比例为 15%；社会学领域的女性占比为 16%；地理学领域的女性占比为 17%。令人惊讶的是，女性在统计学和数学领域的比例远远高于在经济学领域的占比，分别为 13% 和 18%。

在贝尔的帮助下，1949 年，《美国经济评论》利用 1948 年发布的成员调查信息发布了一份最终的具有专业领域的成员名单，其中 95% 是男性，只有 5% 是女性。1948 年的美国经济学会成员的规模如此之大，以至于该调查似乎成功地得到了 38% 的女性成员和 63% 的男性成员的响应。虽然最终列入名册的人来自该名单，但为了保密，并未公布入选结果。

我们不清楚在 1948 年的调查中，男性成员和女性成员响应率差异的原因。但我们确实知道，女性并没有被迫和男性一样快速作出回应，一个可能的原因是所征求的兴趣领域不同。具体而言，调查表不包括家政学，但包括工商管理和商业核心的子领域，如会计、市场营销和广告学。

• 经济学家的职业 •

1949年1月出版的《美国经济评论》第39卷第1期的最后一份附录包含了美国经济学会对经济学家的定义。这份长达两页半的描述是由学会秘书发起的第3稿，由国家科学和专业人员名册上的工作人员重新起草，并由弗兰克·惠特森·菲特（Frank Whitson Fetter）、弗里茨·马克卢普（Fritz Machlup）、霍华德·西尔维斯特·埃利斯（Howard Sylvester Ellis）和詹姆斯·华盛顿·贝尔组成的美国经济学会委员会编辑。

"简短声明"包含10个男性代词（他和他的），没有女性代词（她或她的），并且两次使用"男性"一词，没有提到女性。第一句话奠定了基调："经济学家研究人类谋生和满足其对食物、住所、服务或娱乐需求的整个过程，以及研究有利于或阻碍其经济发展的条件。"定义中包括经济学的主要分支，其中有经济理论，货币、银行和金融，工业，工业贸易，农业经济学，劳动经济学，社会经济学。

至于专业经济学家的作用，据说包括以下内容，教学：在学院或大学教学，通常但不总是从事兼职研究；研究：在政府、商业和工业机构、银行、工会和私人研究基金会进行全职研究；从事工业或政府的管理或行政工作；从事书籍、杂志、小册子和报纸文章的技术编辑和写作工作；为政府、商业和金融机构以及投资者提供咨询服务。

这表明，美国经济学会明确指出，"国家或地方专业组织的会员资格并不是专业地位的标准，因为此类会员资格向对学会目标或活动感兴趣的任何人开放"。提及专业经济学家通常拥有经济学硕士或博士学位，这一描述接着确定了谁不是经济学家。我们了解到，在高中工作的拥有经济学学士学位的教师被归为"高中教师"，而不是经济学家。记者和广播新闻评论员可能对经济学感兴趣，但他们不是经济学家。银行家、银行出纳员，以及相关的银行、保险和金融行业从业人员被归为经理而非经济学家。最后，要明确的是，"家政学家被归为此类"。换句话说，不要误以为家政学家就是经济学家。

这些界定相当清楚地表明了第二次世界大战结束时该学科的边界。除了那些"私人研究机构"外，没有提到可能聘用专业经济学家的非营利组织。这反映出人们普遍忽视了通常由女性从事的支持工作。它明确拒绝了那些在高中任教的人，但同时也指出，美国经济学会所拉拢的银行家并不是经济学家。最后，对经济学感兴趣的女性，有些甚至获得了博士学位，在家政学系找到了工作，当她们得知自己不是经济学家时，可能会有点惊讶。

在美国经济学会成立早期，几乎所有的专业化努力都是由男性主导的，这些专业化努力在 20 世纪 40 年代达到顶峰，以界定谁是经济学家，什么算经济学知识，以及如何制定专业标准。在 20 世纪 40 年代为审查和起草声明而设立的委员会中、批准最后文件的执行委员会成员中、与政府官员沟通的工作人员中，都没有 1 名女性。在许多方面，在代表专业发言角色的组织中，女性的声音被绝对压制。

• 经济学专业化中的知识、权力和性别 •

对美国经济学会历史和经济学学科专业化的研究为研究经济学中的性别偏见提供了独特的视角。专业学会的出现为学者们提供了一个与同事建立联系的平台、每年开会讨论新技术和完善理论的机会，以及一个确定自己为专家的场所。如辛西娅·爱泼斯坦所说，"职业友谊在鸡尾酒会、委员会和晚餐会议上发展成为个人关系"。拥有学会的成员资格和参与学会事务成为一个人职业发展的核心方面——但对女性来说并非如此。

尽管在美国经济学会最初的组织会议上有 1 名女性出席，而且女性对分支会议的兴趣也越来越浓厚，但在 32 年后，才有女性担任美国经济学会的领导职务。而 26 年后，《美国经济评论》编委会才有了女性成员。1986 年，学会成立 100 年后，艾丽斯·M.里夫林（Alice M. Rivlin）成为第一位担任美国经济学会主席的女性。2011 年，在创刊 100 周年之际，平洛皮·K.戈德伯格（Pinelopi K. Goldberg）成为第一位担任该杂志主编的女性。

美国经济学会召开年会的目的是把经济学家聚集在一起，各抒己见然后达成共识，但很少有女性参与其中。事实上，罗伯特·W.狄蒙德（Robert W. Dimand）、杰弗里·布莱克（Geoffrey Black）和伊芙琳指出，"在 1899 年至 1934 年（包括 1899 年和 1934 年）举行的 36 届美国经济学会年会中，有 26 届年会的发言者和讨论者中都没有女性，1887 年至 1894 年举行的 6 届美国经济学会会议中，有 5 届也是如此"。

　　为数不多的参加年会的女性常常被认为是"教授聚会"上的不速之客。为了指导年轻经济学家，当地组织者被鼓励安排招待会，或"吸烟派对"，将新老成员聚在一起。人们认为男女一起聚在这样的场合是不合适的，因此 1886 年在斯图亚特·伍德（Stuart Wood）的家中举行招待会时，感兴趣的女性会在别处参加女性招待会，那里没有男性出现。在往后的年会上，有人建议地方组织者为女性成员留出一些桌子，因为许多不被允许出席这些活动的女性成员会感到自己"不受欢迎"。

　　必须指出，并非所有女性都像黑人女性经济学家一样面临着深刻且普遍的边缘化。萨迪·莫塞尔·亚历山大于 1921 年在宾夕法尼亚大学获得经济学博士学位，为了得到专业认可，她不得不转行。成为律师使她有机会行使她在经济学领域所没有的代理权和专业自主权。1943 年从纽约大学获得经济学博士学位的艾琳·马尔万·海普斯（Irene Malvan Hypps）在高中任教，她在漫长的职业生涯中成了一名校区主管。最后，1948 年从耶鲁大学获得博士学位的菲利斯·安·华莱士获得了成功，她先就职于美国国家经济研究局，然后在亚特兰大大学（一所历史悠久的黑人学院）任教，还成了平等就业机会委员会研究办公室的技术研究主管。在担任麻省理工学院斯隆管理学院的客座教授后，她终于在 1975 年成为了正教授。

　　对所有女性经济学家来说，各种外部压力扼杀了她们的职业生涯，这些压力为那些接受过良好教育的女性造成了进入自由市场的障碍。当萨迪·莫塞尔·亚历山大、艾琳·马尔万·海普斯和菲利斯·安·华莱士攻读硕士学位时，她们既不能在餐馆吃饭，也不能自由乘坐公共交通工具。卡罗琳·威尔作为已婚女性，在申请怀俄明大学的教学课程时，体会到了"婚姻禁令"的力量，当被发现是已婚女性时，她被禁止授课。大多数女性学到的是，作为知识的消费者比作为知识的生产者更容易被接受。作为知识的消费者提高了内部人士的地位，而作为知识的生产者则被视为竞争威胁。

由于女性经济学家面临的外部压力，她们被迫从事不同类型的入门工作。一些白人女性能在女子学院任教，但被靠她们缴纳税款资助的州立大学拒之门外。黑人女学者被历史悠久的黑人学院录取，却被女子学院和蓬勃发展的州立大学拒之门外。这种导向具有长期影响。正如前文所说，会在生产率、晋升机会和薪酬方面造成性别差异。

到了20世纪50年代，女性在经济学领域日益处于边缘化的地位。具有残酷讽刺意味的是，女性被排斥在所谓的自由劳动力市场之外，与此同时，该行业却对自由市场的优势夸夸其谈。这种边缘化对知识的生产产生了持久的影响，虽然女性在经济领域的地位已经有了相当大的提高，但仍然存在不少问题。

后记

1971 年，美国经济学会通过了一项决议，成立了经济学界妇女地位委员会，正式承认了经济领域缺乏对女性的重视。在 1971 年 12 月的美国经济学会商业会议上，在新成立的女性核心小组的要求下，卡罗琳·肖·贝尔（Carolyn Shaw Bell）提出了一系列用于解决经济学领域中"女性问题"的决议。最终决议宣布"经济学并非男性的专属领域"，并设立了经济学界妇女地位委员会，其首要任务是收集数据，并就女性在该领域的地位撰写一份报告。决议还规定，大学各院系不得在招聘、薪酬或晋升方面存在性别歧视，编制一份女性经济学家名册，提名女性为经济学期刊的编委会成员。除此之外，为方便女性经济学家参加年会，特别提供儿童保育服务。

当经济学界妇女地位委员会开始收集女性研究生和女教师人数的数据时，只收到了 22% 的采访部门的答复。没有答复的学校规模相对较小。为了确保数据有意义，经济学界妇女地位委员会确定了 43 家"主席团"机构，即 43 所学校，该机构培养了该领域超过 2/3 的研究生。除了罗彻斯特大学这一所学校外，其他学校都参与了调查。这是经济学界妇女地位委员会用来全面了解女性在经济学专业中地位的数据。

在第一次调查时，"主席团"报告共有 1194 名经济学教师，其中 80 名（6.7%）为女性。在人口普查中，几乎有一半的女性在 1970 年以后加入了该机构。只有 22 名，即不到 1/3 的女性，拥有副教授或正教授的职位。2/3 的男教师拥有高级职称。显然，女性不仅仅是少数，而且还是教师中座次靠后的少数。此外，贝尔称，经济学界妇女地位委员会的调查结果显示，女性仅占经济学研究生的 12%。

第一份经济学界妇女地位委员会报告中提供的关于女教师和女性研究生的数据显示，在第二次世界大战后的几十年中，女性学术经济学家没有继续增加。《1944 年退伍军人权利法案》扩大了数百万退伍军人的受教育范围，但导致了玛格丽特·罗斯特所说的科学"二度男性化"。这项慷慨的计划为退伍军人提供了 5 年的全额学费和生活津贴，其中大部分受益者是白人男性。希拉里·赫伯德（Hilary Herbord）指出，"几乎每一所高等院校都有的种族隔离原则实际上剥夺了很大一部分黑人退伍军人获得大学文凭的资格"。同样，罗斯特表示，在战后回到大学的近 800 万退伍军人中，只有 40 万是女性。

20 世纪 50 年代至 60 年代，在政府资助下，经济学学科再次扩招。然而，即使扩招，女性的身影依然很少。那些少数担任教师职位的女性往往因"反裙带关系"政策而被撤职。一旦发现与同一机构的学者结婚，大多数女性就不会被聘为教师。1935 年，罗伯特·艾伦·戈登（Robert Aaron Gordon）的妻子玛格丽特·S. 戈登（Margaret S. Gordon）获得了拉德克利夫学院的博士学位。虽然她有文凭，但由于"反裙带关系"政策，她被取消了在加州大学伯克利分校担任"专业梯队教师"的资格。

但也有一些明显的例外。玛格丽特·里德于1931年从芝加哥大学获得博士学位，她曾在爱荷华州立大学经济学系和家政学系任教，直到1943年，她离开学术界，开始为联邦政府工作。5年后，她成了伊利诺伊大学厄巴纳－香槟分校的经济学教授。多萝西·布雷迪（Dorothy Brady）于1933年获得数学博士学位，她在农业部担任了几十年的家政学专家。1951年，她回到学术界，进入伊利诺伊大学经济学系，后来转至芝加哥大学。

这些著名的女性确实是例外。正如安妮·P.卡特的案例所表明的那样，战后发展起来的大多数部门都不欢迎女性，不管她们有多优秀。卡特于1949年从哈佛大学获得博士学位，并在哈佛大学担任了15年研究员，最终于1966年被聘为助理教授，成为哈佛大学经济学系的第一位女性助理教授。她后来回忆，自己在哈佛"从未受到欢迎"。卡特于1971年离开哈佛大学，去了布兰迪斯大学，并于1972年成为正教授。

20世纪50年代至60年代，学术界缺乏女性，导致了新兴专业协会——美国经济学会缺乏女性代表。1949年至1970年，只有5名女性在美国经济学会执行委员会任职：伊芙琳·M.伯恩斯（纽约社会工作学院），鲁思·普林斯·麦克（Ruth Prince Mack，美国国家经济研究局），菲思·摩尔·威廉姆斯（Faith Moors Williams，美国劳工部），梅布尔·弗朗西斯·蒂姆林（Mabel Frances Timlin，沙斯卡曲湾大学）和玛丽·吉恩·鲍曼（Mary Jean Bowman，芝加哥大学）。美国经济学会执行委员会中这些女性成员与机构的联系很能说明一些问题。在《美国经济评论》等经济学期刊的编委会中的女性代表，从 1945 年梅布尔·纽科默任职到 1970 年芭芭拉·伯格曼（Barbara Bergmann）成为编委会成员，此外再没有女性编委会成员。

在此期间，女性无法获得所谓的阶梯式工作，这无疑阻碍了她们的专业发展及选择经济学作为其研究领域。莎拉·特博和玛丽娅·查尔斯的研究表明，在某个领域缺乏女性会导致人们对工作文化产生刻板印象。在 20 世纪 50 年代至 60 年代，女性教师的缺乏无疑会造成长期影响——在接下来的几十年里，这门沉闷学科一直存在严重的性别不平衡问题。

同样，在有研究生培训服务的大学，如果缺少女性教师，研究生所学知识的内容势必受到影响。研究生导师在监督、指导研究生的研究和论文方面具有巨大的影响力——从选题到研究方法，甚至到政策性结论。如果缺少女性研究生导师，其研究的话题范围则受到限制。正如我们在前文中看到的，有证据表明，这也限制了研究方法。

20 世纪 50 年代至 60 年代，女性无法担任经济学教师的另一个后果是，影响评审过程对知识内容的理解。女教师的缺乏直接导致编委会中的女性人数极度缺乏，更不用说担任

《美国经济评论》和该领域其他期刊的编辑了。当在期刊上发表文章对教师发展和晋升越来越重要时，却没有正式的机制来接受女性的知识成果。如果正如我们证实的那样，女性经济学家的观点与男性经济学家的观点不同，那么我们必须得出结论，女性编辑和女性编委会成员的缺乏改变了对各种主题的研究——许多主题都以重要的方式影响着许多人。

自 1971 年经济学界妇女地位委员会成立至今已有 50 年，如今仍然发现在该行业的教师、研究生和经济学期刊编辑中难以实现性别平衡。虽然经济学领域中女性教师和女性研究生的人数有所增加，但像在高等教育的其他领域一样，这些缺失的女性仍然困扰着这一学科。截至 2018 年，只有 32%的女性获得经济学博士学位，只有 14% 的女性是正教授。同样，2014 年，只有 11 名少数族裔（非洲裔美国人、西班牙裔美国人）女性获得了经济学博士学位，虽然美国约 30% 的人口是非洲裔或西班牙裔美国人，但是其中只有 6.3% 的终身制经济学教师。

美国经济学会再次开始采取措施以解决这一性别不平衡问题，收集并公布了经济学家对薪酬不平等和性骚扰等性别问题看法的调查结果。2019 年调查的结果提供了证据，表明男性和女性对经济学中的性别平等以及该领域性骚扰的普遍性的看法存在差异。也许由于调查结果令人震惊，美国经济学会制定了一项关于反骚扰和歧视的政策，任命了 1 名调查人员，以解决不平等或歧视的问题。

近年来美国经济学会再次努力解决其"性别和多样性问

题”，对该学科中不平等现象的研究正在深入进行。这项研究提供了证据，表明按级别和机构划分，女教师人数不足，且女研究生人数也不足。这使我们能够深入研究造成各种不平等的政策和做法。

越来越多的证据表明，随着时间的推移，在不同类型机构的男女教师之间，他们的任期率方面存在性别差异。对经济学领域的出版物研究揭示了性别差异。托马索·科鲁西（Tommaso Colussi）的研究证明了编辑和作者之间基于学术历史的联系的重要性。其他研究，如艾琳·亨格尔关于评审时间长短的研究（对女性的评审时间更长），或许也能解释任期率方面的性别差异。

其他研究考察了在男性主导的领域（如经济学）合著的影响。海瑟·萨森斯关于女性合著对任期决定的影响的研究表明，功劳归属取决于合著者的性别。在作出终身职位的决定时，与和其他女性合著的研究相比，与男性合著的女性研究似乎“不那么重要”，和其他女性合著不会影响功劳归属。

随着该学科社会学研究的继续，将出现一个更好的路线图，以确定性别差距及其存在的对象，并促进出台更好的有关性别平衡和种族平等的补救措施。当然，过去20年来，经济学在这些方面缺乏进展，这一点值得注意，我们需要进一步研究补救措施的有效性，以弥补这些缺陷。

对补救措施的研究表明，我们需要开始更仔细地研究为什么比起男生，女大学生更不可能选择经济学作为专业。有一项很有说服力的研究表明，与男生相比，女生对成绩更加敏感，这对她们选择专业的影响比男生更大。如果这种敏感部分是由于女生倾向于将负面反馈归因于自己能力不足（而不是运气等其他因素），那么与学生分享有关决策影响因素差异的信息可能有助于降低她们对成绩的敏感度。

其他研究侧重于榜样对女性的影响。塔蒂亚娜·阿维洛娃（Tatyana Avilova）和克劳迪娅·戈尔丁对本科女学生在经济学项目中的研究表明，接触女教师和女性榜样，会对女学生及其主修经济学的决定产生积极影响。

其他研究调查了教师对教学评估的偏见来源。例如，莉莲·麦克内尔（Lillian MacNell）、亚当·德里斯科尔（Adam Driscoll）和安德烈亚·亨特（Andrea Hunt）发现，学生对女教师的评价比男教师更苛刻。在线上教学中掩饰教师性别的行为暴露了这种偏见，学生经常认为男教师"很棒"，女教师"烦人"。创建更公正的教学评估平台，避免给评估者提供可能存在任何具有偏见的信息，将有助于缓解女教师因此而面临的无形压力。

阿曼达·拜耳和塞西莉娅·劳斯表示，隐性偏见存在于学术的各个阶段，不仅广见于日常，还出现在一些正式决策以及决策结构中。首先，经济学学术场所实施的惯例和制度需要批判性地重新审视，以免有失偏颇。其次，需要提供相应的补救措施及测试效果。最后，要明确责任制，做到公开透明。

专业协会在促进沉闷学科的公平方面发挥着重要作用，

我们不能再依赖女性和有色人种教师来发现缺点和偏见。萨迪·莫塞尔·亚历山大很久以前指出，"当你做这些事情时，你就是一个麻烦制造者"。不幸的是，这样的麻烦往往会带来不菲的专业成本。从长远来看，对学校可能有益的事情，对有勇气揭露偏见的教师来说，可能就没有什么益处。

越来越多的研究使该学科能够更好地理解偏见，我们至少会多一些工具来促进性别平衡和种族平等。在未来几年中，对这一学科性别不公平的深入研究，要么标志着学科的进步，要么就只是记录这一顽固不化的学科在变革路上所遇到的各种障碍。

排她现象：
美国经济学界的性别偏见